オレンジこそ最強の色である

カラーキュレーター®
七江亜紀

マイナビ新書

はじめに

カラーマネジメントという言葉を知っていますか？

「色でマネジメント？　いったいなに？」と思われる方もいるかもしれません。

私はこれまで不器用に生きてきましたが、色と出会い、色の存在をうまく受け入れることで、仕事もプライベートもものすごくポジティブに捉えられるようになりました。

もちろん嫌なことも、目を逸らしたいこともたくさんあります。ですが、そんなときも色で自分をマネジメントすることで、仕事はもちろん、暮らしも快適にすることができたのです。

「赤」か「黒」か、「青」か「赤」かといった二色選択が基本となっていた昔と今では、時代がまったく違います。携帯電話も、ランドセルの色も、車の色も、手帳の色も、ネクタイの色も、今はいったい何色あるのでしょうか。

さまざまな進化とともに、

「色がもっとあったらいいな」

という時代から、

「色がありすぎて、どれを選んだらいいのかわからない」

という時代へと変わっていきました。

ないと「あったらいいな」と思うのに、あると「ありすぎて」選べない。人間というのは実にわがままな生き物です。とはいえ、選べないでは済まない時代になったことも事実です。

たかが色、されど色。

残念なことに、日本ではまだまだ「色」は付加価値でしかないと思われています。特に、メイクやアクセサリーをしない男性には、「色」の選択で、人生の選択を迫られる程のリスクがあるとは思ってもいない人が多いでしょう。

ですが、これだけ多色化してきた現代社会では、「色」にいつどこで足を引っ張られるかわかりません。

アクション映画では、よく爆弾を解除する際、「赤」か「青」のコードを切らなくてはならないというシーンが登場します。もし実際に自分がその場にいて、どちらかを選んで切らなくてはならないとしたら、どうしますか？

もしかしたら最後まで決められず、どちらも切れないという人もいるかもしれませんが、五〇パーセントの確率で助かる可能性があるなら、なにもしないよりチャレンジする方を選ぶでしょう。でも赤と青、どちらにしよう……？

こうしたことは、映画の中に限ったことではありません。みなさんの身近にも、これに似たシチュエーションが繰り返し起きているのです。

ただ「色」を軸に考えていないから気づいていないだけで、日々の生活の中には、ありとあらゆる色の選択が存在しているといっても過言ではありません。

テクノロジーの進歩により、これからますます便利な世の中になっていくと思います。もしかしたら、色を選択する行為さえも今後は機械が行ってしまうかもしれません。

ですが、自分で選ぶことをやめない人は、たとえ世の中が進化しても自分らしさをキープし続け、時代の波に流されない、軸のある人で居続けられることでしょう。

選ばないという行為、物事をあやふやにしてしまう行為というのは、人間の老化を早める毒薬です。

仕事でスキルアップしたい。
ポジティブに仕事に取り組みたい。
仕事を快適に進めたい。
異性だけでなく、人として〝モテる人〟を目指したい。
友達をもっとつくりたい。
ワクワクした人生を送りたい。
カッコよく年齢を重ねたい。
効率よく、でも人間らしく生きたい。

こんなふうに考えている人は、この本がきっかけで、これまでの意識が一八〇度変わるかもしれません。

人生というのは一度だけです。限られた時間の中で幸せを感じられたら最高ですよね。仕事とプライベートをハッキリ分けてしまうと、仕事を窮屈に感じている人にとっては二十四時間のうち三分の一以上を我慢していることになります。これでは気づかないうちにストレスが積み重なり、気づいたときには手の施しようのない状態になっているかもしれません。せっかくなら二十四時間をフル活用し、気持ちよく毎日を過ごせたらと思うのです。

私自身、「色」との生活を意識することで、自分でも驚くほど快適に過ごせるようになりました。仕事面でも処理速度がUPしたり、人とのコミュニケーションも以前よりずっとスムーズにいくようになったり、なにより自分の中にある信念がより明確に理解でき、ブレない自分をつくりあげることに成功しました。

中でも、「オレンジ」との出会いはとても大きなものでした。

私がこの本を書こうと決めたのは、色が溢れている今だからこそ、SNSばかり使ってリアルに人と触れ合うことが減ってきている今だからこそ、普段なかなか色に目を向けない人たちに、コミュニケーション力を高めてくれる色を、仕事や人生の道具として、ぜひうまく使いこなしてもらえたらと思ったからです。

色というと感覚で捉えるイメージが強いかもしれませんが、実は色にこそ理論があり、色を取り入れるときの気持ち次第でいくらでも色を操れるということを、この本を通じてみなさんに知ってもらえたらと思います。

色を目だけでなく、言葉や文字でも捉えられるように訓練することで、世の中がもっともっと色鮮やかに見えてきます。

色に溺れるのではなく、色を自らコントロールする。

「色って、こんなにワクワクするものなのか!」

オレンジこそ最強の色である

目次

第一章　営業効率があがるカラーマネジメント

第二章　会議の質が高まる色の仕掛け

第三章　コミュニケーションがうまくいくカラー

第六章　色で人生を豊かにしよう

第一章

営業効率があがるカラーマネジメント

ノーと言わせないカラー

どんな場面においても、「イエス」か「ノー」を迫ったり、迫られたりする瞬間というのが訪れます。中でも自分が言うのではなく、相手に言わせることは、どう答えが返ってくるか予測がつかないため毎回ドキドキするでしょう。

特に営業先でのイエス・ノーは、成績にも直結するため、精神的負担も大きいはず。ですが、もし相手の発言を少しでもコントロールできたら、こんなうれしいことはありませんよね。

実は、色でこの〝コントロール〟ができるのです。ただし、電話やメールではなく、目と目を合わせた状態、つまり対面であることが条件です。

ある程度の長いお付き合いであることも大切ですが、たとえ初対面であっても、多少なりとも効果が出る方法をお伝えしたいと思います。

それは、「ノーと言わせない」。

つまり、なにかをお願いした場合に、相手が「イエス」と答えたくなるようにするのです。そのためには、相手の目を自分の目に集中させることが大事です。

まちがってても洋服に目がいってしまったり、細かい仕草に目がいったりさせるようなことがあってはいけません。相手の目を自分の目にガチッとロックさせることが大切なのです。

では、そのためにはどうすればよいのでしょうか。次に三つのポイントを挙げていきます。

1. 当日のファッションコーディネートの色にこだわる

スーツの色は、ダークネイビーまたは黒に近いくらい暗い色。さらに、シャツは白。ネクタイはスーツの色が紺なら、できるだけ同じような紺色にし、できれば無地でさらに素材もしっかりしたものを選んでください。

ただし、暗い色といってもグレーはおすすめしません。なぜなら、グレーという色は黒と白を足した色。つまり白黒つけないハッキリしない色であり、もっとも優柔不断な色の代表だからです。

パッと見ると優しそうに見えますが、「イエス」を言わせるような重要な決断を迫る際には物足りません。

一方、紺（または濃紺）は、青と黒を足した色です。誠実さ・冷静さを併せ持った青と、自信に満ち、重厚感溢れた黒の両方を持つ濃紺は着ている本人の集中力を高め、聞いている側に強い信頼を与えることができます。

ポイントは、スーツの色とネクタイの色を同じトーンにすることです。

ただ紺を着るだけでは、あまり効果は期待できません。大事なのは、スーツとネクタイの色をほぼ同じような色にして、相手の目を余計なところに向けさせず、話し手の目に集中してもらうことです。

もし、カラフルな色のシャツやネクタイを身につけていて、かつ、色のトーンがバラバラだとしたら、どんなに丁寧に話をされても色に心が奪われてしまい、話に集中することができません。

色のまとまりがなければないほど、見ている側は無意識のうちに不愉快な気分になり、「イエス」と言わせるつもりが、急に心変わりして「ノー」と言わせてしまう可能性も出てきてしまうのです。

2. 相手の体の状態（メンタルを含む）を把握し、ベストな日を選ぶ

……とは言っても他人の細かい行動まで把握できませんが、可能であれば直近の状況だけは少しでも知っておくことが大事です。

二日酔いで具合が悪そうにしているときより、シャキッとしている日の方がお願いするにはずっといいですよね。風邪で熱があってつらそうなときより、元気で明るい表情のときの方がいい。

出掛けに奥様と喧嘩になってイライラしているときなんて、もってのほか。これだけは絶対避けたいものです。

親しい関係ではなく、なかなか聞き出せない場合には、相手が最悪の状況でないかどうかだけでもチェックしておきましょう。

社内であれば顔を見にいけばよいですし、社外であれば電話して声を聞けばなんとなく察知できることもあると思います。

もちろん他人のことなどすべてわかるはずがありません。ですが、「イエス」と言ってもらうためには、しないよりした方がよいこともありますので、可能な限り調べておきましょう。

3. 相手のことを強く思う気持ち

当たり前のことですが、相手に信頼してもらうための準備が整っていても、当人の気持ちがいい加減だったり、真実味に欠けるようでは相手に気持ちは伝わりません。しかも、同系色でコーディネートしている場合、目元こそ「イエス」と言わせる勝負の場所です。

視線を一カ所に集めさせるからには、すべてを委ねたくなるくらいの温かい気持ちと強い思いを備えておく必要があります。

他人をよく見ている人は嘘か本当かくらいすぐに見分けてしまいますので、とても重要なことなのです。

飛び込み営業にはこの色のネクタイが効く

新規のお客様を訪問する場合、事前にアポイントをとってから出向くのが一般的ですが、商品内容によってはアポなしの飛び込み営業を行うという企業も少なくはないでしょう。

また、普段は事前にアポをとってからという人でも、たまたま通りかかった店舗や施設にどこか惹かれるものがあり、今どうしても責任者の方に話を聞いてもらいたい！という気持ちになって飛び込む場合もあるのではないでしょうか。

ということで、まったく予備知識のない状態で、新しい場所に飛び込むための色についてお話ししたいと思います。

この場合には、まずNGカラーを押さえておきましょう。

一番のNGカラーは、「赤」です。赤は意欲は感じられますが、初めてで、しかも面識がない場合には安っぽさと軽薄さだけが悪目立ちしてしまいがち。

ただでさえアポもなく図々しいと思われているわけですから、それに輪をかけて相手に軽薄なイメージを持たせる赤を使うのはNGです。

「赤」という色は、ぐいぐいアピールするにはよい色です。あまりの押しの強さにもう降参！となることもなくはありませんが、初めての場合は担当者がどんな方なのかもわからないですし、どんな雰囲気の会社（店舗）なのかもわかりませんので、強い色は避けましょう。

強くはありませんが、「明るい黄色」（派手な黄色ではなく、バナナ色に近い穏やかな黄色でもOK）や「クリーム色に近い薄い黄色」などがおすすめです。

色味にもよりますが、黄色はもっとも目立つ色。だからこそ、一度見たら覚えられる可能性のある色です。

たとえば、昼間に街中で鮮やかな黄色の車が停まっているのを見かけたとします。その場を離れたあとも、頭の片隅には色鮮やかな黄色の色味が残っていて、いざそのときの様子を誰かに説明しようものなら、私たちは無意識に「黄色の車」という言葉を出し、場所を説明してしまうでしょう。

また、たとえば迷子になった子や指名手配犯などを探すとき、ニュースや放送、貼り紙等で「黄色いズボンを履いた男の子」、「黄色のTシャツを着た男性」といったふうに「色」をキーワードに取り上げられることがよくありますが、色の中でも黄色は目立つので目撃者がいる可能性が高まります。それくらい黄色は初めての人にも覚えてもらいやすいのです。

さらに、大人の色というより幼稚園児を彷彿させるほど子供っぽい色としてイメージしやすいため、ベテランより初心者というふうに捉えられます。ベテランはアポなしで突撃はしませんよね。つまり、子供だからこそ許してしまうという心理戦としても使えるのです。

いつどこにいても、いいなと思ったら訪問できるよう、黄色のネクタイを一本、鞄に入れておくのもアリでしょう。

営業に効くカラーは職種によって変わる

これまでに何度も繰り返し訪問している取引先の場合におすすめの色は、飛び込み営業での黄色とはまた違います。

どのくらいの付き合いかによっても意識する色は変わってきますし、どんな商品を扱っているのかによっても異なります。

食品営業なのか、ファッション営業なのか、医療機器メーカーの営業なのか、自動車部品の営業なのか、それとも人材営業なのか……。

大切なのは、自分の会社の色と訪問する側の会社の色を、両方ともしっかり把握しておくことです。どんな些細なことでも構いません。色の情報を頭に入れておくのです。

CI（Corporate Identity）は一番わかりやすいですよね。特にロゴの色（コーポレートカラー）には社長が会社をつくったときの気持ちがギッシリ詰まっていますので、社員はもちろん、クライアント先であっても、その色にした理由を下調べしておく必要があります。

他にもいろいろあります。社長の服の色とか、社内のインテリアの色とか、社員にどんな感じの人が多いのか（明るい人が多い会社なのか、少しクールな人が多い会社なのか）など……。こうしたところから、クライアント先の雰囲気の色をつかんでみてください。

たとえば、食材や調味料などを扱う企業の場合、相手側に与えなくてはならないもっとも大切なイメージとはなんでしょうか？

食品は、私たちが食べたり飲んだりするもの。口の中に直接入ってくるのですから、命と同じくらい大切なものと言っても過言ではありません。まちがっても毒入りのものを食べる人などいませんよね。

こうした企業の場合には、相手に「安心して食べられる」「安心して飲める」という〝安心〟〝安全〟のイメージを持ってもらうことが一番大切になります。

ここから想像できる色は「緑」です。緑は森林や草木を思い起こさせる自然の色ということもあり、私たちは緑を見るとホッとしたり、癒されたり、さらにはこれなら安心だと感じます。

実際、体に優しい商品やオーガニックなどの商品は、中には個性的な色もゼロではありませんが、ほとんどが緑を使っています。

キシリトールなど健康的というメッセージを打ち出したいものに緑系の色が多用されているのにも、お気づきかと思います。

また、薬局や病院などを思い浮かべるとわかりますが、クリニック（特に総合病院）の看板なども緑色であることが多く、緑が安心・安全を意味することがおわかりいただけるかと思います。

ただし、病院に関しては、専門が何科かによって緑以外の色がよりふさわしい場合もありますので、もし開業を予定していてテーマカラーを考えている！という方は色のプロにご相談ください。

このときのテーマカラーは、院長が好きな色だから、似合う色だから、そういうイメージで見られたいからなどという理由だけで決めるのはおすすめしません。患者さんへの想いはもちろん、自分に足りない色や環境に合った色など、全体のバランスを見て決めていく必要があります。

オシャレにしすぎることで失敗することもあるので、人の命を預かる病院や医療機関は慎重にならなくてはなりません。

一方で、食品には安心・安全以外にも大切なことがありますよね？　それは〝おいしい〟ということ。

中には、安心よりも〝おいしい〟を優先している人も少なくないように思います。

この〝おいしい〟をアピールする場合には、緑では少々力不足です。

もちろん野菜を扱う会社であれば、緑はピッタリはまりますが、それ以外の食品だと、緑だけだとむしろ〝青臭い〟〝旨味がない〟など、ネガティブに取られてしまうこともあります。

これもまた先ほどの病院の話とよく似ていますが、専門はなにか、なにが強みの企業なのかによって異なります。

ですが、「病院＝安心＝緑」という方程式ができるとするのなら、「食品メーカー＝おいしい＝●色」という方程式も可能になる、というわけです。

では、一般的においしそうと思わせる色というのは何色でしょうか？

少なくとも「青」を見ておいしそう！という方は少ないかと思います。私たちがおいしそうと思う色というのは、実際に食べ物の中にある色であることが多いです。寒色系ではなく暖色系。中でも、一色でおいしそうと思わせる色は暗い色より明るい色、たとえばオレンジや黄色などです。もし、いくつかある選択肢の中にオレンジや黄色が入っていたら、誰もが選ぶでしょう。

オレンジ色はフルーツのオレンジにもありますし、黄色はバナナやレモンやみなさんの大好きなカレーもそうですよね。

ここで先程の方程式をもう一度見てみましょう。●に、オレンジや黄色という言葉を入れてあげるとしっくりきます。

ちなみにもっと深く入り込んで考えてみると、オレンジや黄色は、さらに細かい色へと派生していきます。

たとえば、「食品メーカー＝おいしい＝特徴（甘い）」とイメージした場合には、オレンジや黄色では少し感じ方が変化してきませんか？

そうです。おいしいはおいしいでも、〝甘い〟となると、オレンジや黄色という色からは、すぐに結びつかないと思います。

逆に〝ビストロ風〟〝家庭的〟などだとオレンジが思い浮かびますし、一方で〝カレー風〟〝すっぱい〟といった特徴がつけば今度は黄色がピタッと当てはまります。

〝甘い〟も、さらにそこに〝フルーツシャーベット〟といったイメージワードが追加されていれば、もしかしたらオレンジ色からも、冷たくて甘くて爽やかなオレンジを連想できるかもしれません。

が、ここまで色の説明が多くなってしまうと、私たちは文字で読まされているだけで、色から直接、おいしい！とは感じなくなってしまいます。

では、〝甘い〟というキーワードだけの場合、何色だったらしっくりくるでしょうか？

ここからは連想ゲームです。〝甘い〟という言葉から思い浮かぶものを挙げてみてください。

ショートケーキ、女の子、フリルのついた洋服、イチゴムース、リボン、アイスクリーム、ホワイトチョコレート……など、いろいろ挙がってくるでしょう。

甘いものからイメージできるのは全体的に色が淡い、女性的なものが多く、実際に甘いものが好きな人も男性より女性の方が圧倒的に多いことがわかっています。

またスイーツはスイーツでも、ビターのような大人の味よりも、イチゴミルクなど、子供の味覚に寄ったものの方がより甘いという言葉がしっくりくるのも、なんとなくイメージできるのではないでしょうか。

ここから、あなたが〝甘い〟と思う色を浮かべてみてください。どうですか？ある色が一色浮かんできませんか？

そうです。答えは「ピンク」です。もっと言うと、「ピンク＋白」の方が、より〝甘い〟にピッタリはまってきます。まさに、イチゴミルクがそうです！

つまり、自社製品の色に合った着ぐるみを着て営業しましょう！というのは冗談ですが、まずは自社製品の色がなにかをしっかり頭に叩き込み、その意味も調べておくとよいでしょう。

今度はその色を営業先に持っていき説明する場合に、商品の色をよりリアルに感じてもらうためにも、甘いスイーツを扱う部署ならネクタイの一部にピンクが入ったものを、健康食品を扱い安全をアピールしたいのであれば名刺の色にはもちろん、名刺入れの色や手帳の色を緑にするなど、工夫してみてください。

最初に挨拶するとき目に触れる色に、自社カラーを取り入れるのもポイントです。

そして、自社カラーの由来も説明できるようにしておきましょう。

まったく成果が出ないときには？

どんな商品でも波はあります。飛ぶように売れるときもあれば、閑古鳥が鳴くほどさっぱり売れないときだってあるでしょう。

特に物が売れなくなると、周りのちょっとしたことが気になったり、すぐに誰かに苛立ったりと、気をつけていないと負のスパイラルは加速し続けます。

こういうときのカラーマネジメントでもっとも大切なのは、焦って普段自分がよく使う色と、営業時に持っていく色を変えたりしないことです。

もし、これまでずっと続けてきた自分のスタイルがあるなら、それは決して変えず、引き続き大事にしてください。もしご自身のテーマカラーがあり、常にその色のものをなにかしら持ち歩いているという方がいたら、そのまま、その習慣を続けてください。

営業で成果がなかなか出せなかったとしても、これまで自分の生きる道標になってくれた色を簡単に捨ててはいけません。たとえ、それが「赤」だとしてもです。

赤はセールの文字や赤字、赤点という言葉からも連想できるように、〝安い〟〝最下位〟という言葉をイメージさせます。これを機にテーマカラーを変えた方が……と思う人もいるかもしれませんが、こういうときこそ時代の流れに飲まれずブレない自分軸をキープする必要があるのです。

一時的な環境や景気の変化でコロコロ色を変える人というのは、自分を信じていないのかもしれません。自分が決めた色をどんなことがあろうと信じる勇気。これこそが低迷しているときに必要なことです。

もしテーマカラーというべき色がないという人は、数字に伸び悩んでいるときこそ、自分と同じくらい大事にできる色を決めてみてください。思い浮かばなければ、会社のコーポレートカラーでもいいと思いますよ。

営業成績がいいときこそ、色を意識する

営業に限らず全般に言えることですが、人間というのは不思議なもので、成績が悪いと焦って勉強したり慌てて努力したりしますが、よい状態が続くとつい学ぶことをやめてしまったり、努力をしなくなってしまいがちです。

気づいたときにはもう手遅れ。これまでよかった成績はガタ落ち。周りからの信用も失い、這いあがりたくても変なプライドが邪魔をして、なかなかやり直しがきかない。そんな経験のある方も中にはいらっしゃるかもしれません。

実は、色も同じなのです。最初はおもしろ半分で意識していた色も、時間の経過とともに意識することが面倒になり、気づいたときには色を意識していたことさえ忘れてしまっています。

実際私は、何人ものこうしたお客様にお会いしてきました。ですが、こんなにもったいないことはありません。一度意識できたものは引き続きできるものです。よくなったからといって途中で薬を飲むのをやめてしまったり、筋肉がついてきたからと

いって日々の筋トレをやめてしまったり、英語が身についたからといって英会話のレッスンをやめてしまったり、ゴルフができるようになったからといって打ちっぱなしをやめてしまったり……。

営業成績がよい状態のときこそ、改めて自分の企業カラーや商品カラー、さらにはクライアント先の企業カラーや商品カラーなどを意識し直してみましょう。

また、自分の身だしなみについてもスタイルはもちろん、色について意識していた人は今までどおり、引き続きよく考えてビジネスカラーをチョイスしてください。もし色についてほぼ無頓着できてしまったという人は、ぜひ今から色を意識してみてください。

いいですか、ここでまちがえてはいけません。たとえ今現在、会社で営業成績が一番であっても、たとえ部下がたくさんいたとしても関係ありません。

成績がよくて部下に慕われているとしても、よれよれのくたびれたスーツやしわくちゃのワイシャツ、油のシミがついた薄汚いネクタイを普段身につけている人は、今すぐそのスーツを新調し、自分のビジネスカラーを考えてみてください。

部下・後輩の営業同行にはこのシャツで行け

部下と一緒にクライアント先に出向くことは、どんな管理職の方でもあると思いますが、その際、身なりの色に気を遣ったことってありましたか？

身だしなみを気にしたことはあっても、〝相手あっての自分〟という考え方でシャツの色を選んだ経験のある方はおそらく少ないかと思います。でも実はこの小さな気遣いにこそ、色選びが役立ってくれるのです。

部下といっても新入社員のようなフレッシュマンもいれば、年齢は上なのに肩書は自分が上というようなこともありますよね。特に後者は人生の先輩であるだけに、どこか気を遣ってしまって、うまく意見が言えないでいる人も多いのではないでしょうか。

そこでおすすめしたいのが、後輩には赤やオレンジといった暖色系のシャツを着せ、自分は寒色系を着ることです。

たとえ後輩だろうと部下であろうと、メインになる側が情熱的な色を着て存在感をアピールし、それをそばでさりげなくサポートする先輩は冷静な色を着るという論理です。

たとえキャリアが長く肩書があったとしても、ここは後輩を立てましょう。後輩を立てることで、最終的には自分の評価もぐっと高まります。色はこれを自然に行ってくれるのです。

営業成績があがらない部下や同僚にはこの色でアドバイス

部下や同僚の成績が伸び悩んでいるとき、上司はなにをしてあげられるでしょうか。そばで黙って見守っていることでしょうか。それともガミガミ説教し、意見を押しつけることでしょうか。

答えはどちらも不正解です。まずしなくてはならないことは、相手の今の状況をしっかりヒアリングして正しく理解することです。今、どういった状況で、どういった心情にあるのか。

このとき、自分だったらできるのになぜできない？というスタンスではなく、あくまで部下や同僚の現状のみを把握し、それをそのまま受け入れ、問題を一緒に考えてあげることです。

前々から成績の伸びないことに悩んでいたかもしれませんし、成績が落ちてもあまり危機感を感じないタイプかもしれませんが、相手がどんなタイプにせよ、上司が部下の話に耳を傾けてあげることは、部下にとっては必要なことです。

ただ、なんでもかんでもお節介に聞いてみたり、いつでも助けるからね！などというヒーロー気取りな態度もＮＧです。

まずは話を聞く場所選びから始めましょう。社内の会議室といった堅苦しい場所ではなく、ランチのあとのカフェや、可能なら飲みに誘って話をするなど、少しでもオープンマインドになるような心地よい雰囲気をつくってあげるのも上司の役目。

さて、このとき上司はどんな色を意識すればよいのでしょうか。聞き手の色はとても重要です。なぜなら上司の顔を見て、部下は相談するか否かを決めるわけですから。

部下のタイプにもよりますが、数字に悩んでいるという場合には、「赤」は避けましょう。赤は赤字をイメージさせるのもありますが、上司が赤を身につけていると、威圧感や熱血加減に戸惑いを感じてしまう人もいるからです。

上司本人は決してそんなつもりはなかったとしても、受ける側としては敏感になっているときなので赤の使い方には注意が必要です。ネクタイの柄の一部に少し入っているくらいならまだよいですが、メインが赤！という小物は絶対に避けましょう。が、赤は赤でもワインレッド寄り、ボルドー寄りの暗い赤なら大丈夫です。

また、赤と同様、黒も少し控えめにしましょう。黒はプロの色であり、とても強い色です。弱っているときに強い色で近寄られると緊張しすぎてしまい、話したくても心を開くことができません。重厚感溢れる黒は、時には人を惹きつけるカッコイイ色ですが、時にはネガティブに作用してしまうこともあるので、こういう場合は極力避けましょう。

信頼感、誠実さを与える意味では、「青」は一見よさそうに見えます。が、ただでさえ緊張しているときに相手が青を身につけていると、より緊張が高まってしまい、信頼できるからこそ裏切れない、迷惑をかけられないといった気持ちになりがちです。ですので青の場合、青は青でも、白の入った優しい「水色」をおすすめします。

でも、もっとおすすめしたい色があります。それは、この本のタイトルにもある「オレンジ」です。オレンジは赤ほど強くなく、かといって暗い色でもありません。明るく、それでいてプロっぽさというより家庭的なイメージを与えることができるため、親しみやすく感じます。

親しみやすい雰囲気が整えば、相手も自然と心を開放してくれます。大事なのは、相手の気持ちを楽にさせてあげること。そのためにも話しやすい雰囲気をつくってあげることです。

コミュニケーション不足だと思っている方には、特にオレンジがおすすめ。見ているだけでホッとできてしまうのがオレンジの魅力だからです。

ちなみに、オレンジは服装だけにこだわる必要はありません。もちろん話すときに目に入るネクタイの色にオレンジが入っていると一番効果的ですが、カフェでオレンジジュースを頼んでみるのもいいですし、携帯カバーをオレンジにして、机の上に出しておくというのも方法のひとつです。

大事なのは、話し手の目に常にオレンジが入ってくること。そこを意識してみてください。

相手が心を開いてくれたと思ったら、自分なりの意見を少しずつ伝えながら話をしてみましょう。

色で自己ブランドを印象づける

ところで、前にも少し触れましたが、みなさんは自分のテーマカラー、自分の色といったものをお持ちですか？

私は自分の人生において一緒に歩んでいく色（まるでパートナーのようですが）を必ず決めるようにしています。

これはずっと同じ色でもいいですし、ときどき見直して、必要であれば別の色にするのもアリです（ますますパートナー選びに似ていますね）。

ここでいうテーマカラーは、自分がどう見られたいか、自分自身がどうありたいかなどを具体的に色に置き換えたものです。

色というのは、自分次第でいくらでも形あるものにできます。自分の願っている思いをぜひとも色に置き換えてみてください。

考え方はいろいろです。自分は意志が弱いから、軸のブレないしっかりした人になりたい、精神的に打たれ弱いのでもっと強くなりたい。だから、もっとも威圧感のある強い色、「黒」をテーマカラーにしよう！でもいいですし、自分は前に出るのが大好き！　常にリーダーでありたいし、みんなを引っ張っていきたい！　だから「赤」と決めるのもいいですよね。

他には、リーダーというよりもバランサーとしてなくてはならない存在でありたい。それなら「緑」にしよう！という人もいるでしょう。

どんなときでも自分は常に冷静に物事を考え、クールでいたいという人には「青」がピッタリきます。

他にも、優しい人間でありたい、優しい人に見られたいという方は、男性だとしても「ピンク」でもよいでしょう。

また、自分のありたい姿を色にするという考え以外にもいくつかテーマカラーを決める方法があります。

たとえば企業ごとに色がありますが、その色を自分のテーマカラーにするというのもよいでしょう。中小企業の社長さんの中には、自分のＣＩカラーをそのままテーマカラーにされる方もいらっしゃいます。

さらに、扱う商品内容のイメージカラーを自身のテーマカラーにしてしまう人もいます。たとえばカレーを扱う会社だとしたら黄色をテーマカラーにする、ということです。ぜひこれを機に、自分の信念を色に置き換える作業をしてみてください。

ちなみに私は色を扱う仕事なので、テーマカラーは「白」。中でも雪のようなまっ白なスノーホワイトをテーマカラーにしています。

スケジュールは色分けせよ

第二章でも付箋の色分けについて触れていますが、ここでは付箋ではなく、スケジュールを管理している手帳の予定に直接色づけしていく方法についてご説明します。

管理方法は大きく分けてふたつあります。ひとつは、古くからある紙ベースのシステム手帳での管理。もうひとつは、パソコンやスマートフォンなど、デジタル機器での管理です。

前者は、予定を紙に直接書き込むわけですから、ペンが必要になります。たいていの人は一本のボールペンあるいは万年筆で書いているかと思いますが、ここで提案するスケジュール管理方法はペンの色で内容を色分けするというものです。

たとえば、クライアントごとに色を変えたり、朝・昼・夜と時間帯によって三色で分けてみたり、仕事の重要度によって色を分けたりしてもおもしろいと思います。もっとも重要な予定は赤、あまり重要でないものは茶色、といったふうに。

どのレベルにどの色をつけるかについては、ご自身の好きな色を選んで当てはめていきましょう。もし、なにをどの色にしよう?と迷ってしまったら、急ぎの予定は赤にしておくとよいかもしれません。赤はドキッ、ハッとさせられる色なので、手帳を開いたとき、まっ先に目がいきます。赤を見るだけで、「あ、そうだ。これは急ぎの仕事だった!」と気づかせてくれます。

文房具店に行くとわかりますが、一本で三色、四色が入っているボールペンも出ています。しかも昔のように、赤・青・黒の三色といったものではなく、オレンジ・緑・青といったように、好きなインクを選択して自分でペンにセットできるようになっているものもあるので大変おすすめです。もし五色以上ほしいという人がいたら、三色ずつ二本用意するのもよいでしょう。色数次第で一本のペンにおさまるというのが魅力ですね。

続いて後者の、紙ではなくデータでスケジュールを管理している場合はどうしたらよいでしょうか。使用しているアプリによっても異なりますが、たいていのアプリはさまざまな色が組み込まれ、自分で好きなように色分けすることができます。

使っている方も多いと思いますが、たとえば「Ｇｏｏｇｌｅカレンダー」を

ｉＰｈｏｎｅで使う場合。これは色が十二色用意されていて、スケジュールの内容ごとに色分けすることが可能です。しかも色の名前がユニークで、赤がトマト、黄色がバナナ、青がピーコックといったように、食べ物と動物の名前で表現されています。

パソコンで使う「Ｇｏｏｇｌｅカレンダー」でも、色名はついていないものの、いくつか色が選べるので、予定を色分けできます。しかも、直接文字の色が変わるだけでなく、色で網掛けができるので、仕事のプロジェクトや出張など、長期間の予定の場合、期間全体をその色で覆うことで、より視認性を高めてくれます。

もちろん、ただ色をつければよいというわけではありません。最初に、どういう分け方をするか、自分でルールをつくる必要があります。クライアントごとなのか、内容なのか、優先順位なのか、場所なのか、重要度なのか……。自分の仕事内容に合う内容で色分けしてみてください。

黒や青のペンの文字だけがギッシリ詰まっているシステム手帳もすごくわかりやすいですが、最近ケアレスミスが増えてきた！という方がいたら、大事なアポだけは赤でマークするなど、色を使って漏れがないよう調整してみてはいかがでしょうか。

ちなみに、私はリスクヘッジのために紙とデータの両方で管理しています。しかも、紙の方は黒ではなく青いペンで書いています。理由は青は心が落ち着き、書く度に冷静な気持ちにリセットされるからです。

一方、パソコンではクライアントごとに色を分けたり、場合によっては、ブレストはこの色、接待はこの色といったふうに、内容ごとに分けたりもしています。

シンプルなのもいいですが、時には色分けするのもよいものです。わかりやすくなるだけでなく、元気をもらえるので、ぜひみなさんにも試してみていただきたいです。

特に、データベースは色分けすることでより頭が整理されるので、おすすめですよ。

第二章

会議の質が高まる色の仕掛け

会議別に色を考える

仕事をしていると、やたらと会議会議というセリフを耳にしますが、そもそも会議って、いったいどんな意味を持っているのでしょうか。さっそくＧｏｏｇｌｅ先生に聞いてみると親切にもいろいろ答えてくれました。便利な世の中になったものです。

ひととおり見ていると、ちょっとした表現の違いはあっても、どのページにもたいてい次のように定義されています。

「会議とは、関係者が集まって相談をし、物事を決定すること。また、その集まり」

動詞だけを拾ってみると、こうなります。「集まる」、「相談する」、「決定する」、の三語。当たり前のことですが、これらの動詞はすべて意味が異なります。

どんな集まりで、どんな相談事で、どんなことを決定するのかが毎回テーマとなる。これが〝会議〟です。でも、ビジネスで日常的に行われている会議は、この三つをバランスよくできているでしょうか。

私もよくカフェで打ち合わせやブレストを行いますが、気づくとこの三つを意識しているように思います。Ｇｏｏｇｌｅ先生に聞いたのはたった今。でも、普段から三つを意識できていたのにはワケがあります。それは、会議の内容によって、無意識に〝色分け〟をしていたからです。

色分けの方法はいくつかありますが、もっともやりやすく始めやすいのが、会議のタイプで色を選ぶということです。

では、会議のタイプとはどこで区別するものなのでしょうか。「○○会議」というように、後ろに会議とつければなんだって会議になってしまいます。道端でなんとなく集まって、ぺちゃくちゃと他愛のない話やうわさ話などをする「井戸端会議」だって立派な会議です。

ここでは、井戸端会議を例にあげて会議に色をつけることを考えてみましょう。

一番目の動詞「集まる」に関していえば、井戸端会議は人々が集まるには集まっていますが、ふらっとやって来てはいつの間にかいなくなっている人もいる、実にフランクな集まりです。

二番目の「相談する」内容も、その場の雰囲気やメンバーによって変わりますが、子供や旦那について話す主婦の姿が浮かんでくるでしょう。

三番目の「決定する」ことは、この会議ではなさそうです。ただ話を聞いてもらえることが、なによりの解決策。もちろん思いのほかすばらしいアドバイスが出ることも中にはあります。その場合、その助言により人生を左右されるほどの意思決定ができてしまうこともあるでしょう。

こんなふうに、会議としては少しイレギュラーな井戸端会議ではありますが、こうした自由な集まりの場合には、そこから滲み出る色もフランクにすればよいのです。ふらっと来て、ふらっと帰れるからよいわけで、ここできちっとした気持ちや、きちっとしたアドバイスを期待してはいけないし、求めるのもおかしなことです。たとえ無駄な時間のように感じる井戸端会議だって、雰囲気によっては役立つ情報が山ほど湧き出る可能性もあるのですから。

では、たとえば子供のお受験の送り迎えのような紺のビシッとしたセットアップに真珠のネックレスをしたような女性が、デニムにTシャツ姿で集まっている中にふらっと入ってきたらどうでしょうか。その時点で空気はがらっと変わります。スーツ姿で真剣に話をしている中に、茶髪で、デニムからチェーンをぶら下げ、頭にはサングラスをのせているような人が入ってきたら、これまた微妙な空気感に見舞われるでしょう。

ここでもう一度、思い出してください。会議というのは、集まって、相談して、決定するもの。どんな集まり方で、どんな話のテーマで、なにを決定するかに合わせて、色もそれぞれ生まれてくるのです。

会議のタイプに合わせた色を選べ

ここからは具体的に会議のタイプを挙げて、それぞれに適した色を考えていきましょう。

●企画会議

企画会議、別名をアイディア会議とも言いますね。商品企画なのか、イベント企画なのかは企業や部署によってさまざまなものの、共通する目的はただひとつ。どこよりも優れていて、どこよりも秀でているなにかを生み出したい！というその強い想いでしょう。

誰も思いつかなかった発想を生み出そうとする力。この力を高めてくれる、とっておきの色があるとしたら使わない手はないと思いませんか。その色は、いったい何色でしょうか。

答えを言う前に、少し考えてみてください。私たちの周りには、突然想像もつかないようなことをしたり、思いがけない発言をしたりする人が必ずいると思います。誰のことかわかるでしょうか。

答えは、子供です。子供というのは落ち着きがなく、大人の私たちの理解を超えるような行動をします。どんなにキレイな道をつくっても、そのとおり歩いてくれるとは限りません。

発言もそうです。よくお受験で、面接試験のときに子供にこう言いなさいと教えても、試験当日に突拍子のないことを口走って落ちてしまった、なんていう話も耳にします。あんなに練習したはずなのに……。

でも、こうした子供の発想というのは、決して計算されたものではなく、あくまで自然に湧き出てきたもの。つまり、子供の行動や発言こそ、斬新なアイディアの源であり、大人に足りない自由な発想の宝庫といえます。

大人が集まって時間をかけて頭を振り絞っても、なかなかいいアイディアが浮かばないということは多々あるでしょう。でも、もしここに、なにも考えていない無邪気な子供がひとりいて、カチカチに凝り固まった大人の頭を噛み砕いてくれるような行動や発言をしたらどうでしょうか。私たちはその無邪気な存在からなんらかのヒントを得るかもしれません。

つまり、企画やアイディアを出していくには、柔軟性が大切であり、かつ、子供のような明るさと無邪気さが必要なのです。この無邪気さを手助けしてくれる色こそ、企画会議に必要な色ということになります。

もう何色かは想像できますよね。

そうです、「黄色」です。アイディアを出したり、気持ちを解放的にしてくれるのは、子供を思わせる、明るくて元気な色の代表でもある黄色というわけです。

●戦略会議（作戦会議）

先日、顧問契約をしている社長から連絡が来ました。「今から作戦会議をする。君にもぜひ参加してもらいたい」と。

〝作戦〟という言葉を聞くと、なんだかワクワクしてきます。もちろん仕事なので真剣に取り組みますが、それでも作戦という言葉にはどこかアドベンチャーな響きがあります。

もしかしたら新入社員の頃は楽しみだったかもしれない、会社が発展するための作戦会議。そんな重要な場に自分が出られるなんて、なんだかドキドキするな……なんて思った人も少なからずいらっしゃったのではないでしょうか。

中堅社員になった今、その想いがどうなっているかはさて置き、戦略を練ったり作戦を立てたり、なにかの戦いに挑むためにどういった武器を持って、どういった手法を使うかを考えたりする会議のときは、ふたつの色が必要です。

作戦を練るためには落ち着きや冷静な判断力が欠かせません。まず大事なのはこれを創りだすための色、そうです、「青」が不可欠なのです。

もう一方で、冷静さと同じくらい必要な要素があります。それは、協調性です。むしろ冷静さよりも協調性がなければ仲間と意見を摺り合わせることはできません。

もちろん、会議というのは名ばかりで社員の意見などまったく聞かないワンマン社長のいる会社は別です。こういう会社は、たとえ数字的に潤っていても、社員の心は冷えきっていて、社長の心にもまた小さな穴が開いたままになっていることが多いのです。もし本気で社員と向き合おうとしている意識があるのなら、今からお伝えする色が役に立ちます。

ふたつ目に必要な、協調性を高めてくれる最強の色。それは、「オレンジ」です。オレンジという色は、赤のハッキリと意見を言える頼れる部分と、黄色の無邪気に振る舞える身軽さの二色を足した色。

青とオレンジとを上手に使っていくことで、場がまとまっていくでしょう。

●決算会議・人事会議・採用時の会議

決算に限らず数字を扱う会議は企画会議とは違って、積極的に意見が飛び交うというより、参加者一人ひとりが今期の売上や来期の見込みなどと慎重に向き合う冷静さが不可欠となります。

数字をこと細かに読み解く力を発揮するには、気持ちを興奮状態にもっていっては逆効果です。ならば、興奮状態を抑える色を活用すればよいということになるでしょう。

気持ちをクールダウンさせる色といえば、「青」に限ります。青は青でも明るい色ではなく、紺に近いような暗くて濃い青がおすすめです。

もやもやした気持ちも、ごちゃごちゃした頭も、青の持つクールな効果で自然と落ち着きを取り戻すことができます。

また、数字とは直接関係ないですが、同じように冷静な判断が必要となるのが人事決定のときや、採用時に行われる会議のときでしょう。

採用の基準は企業によって異なりますが、どんな人材であろうとどんな経歴を持っていようと、よい人材を見つけるためには、まず人材を選ぶ側が冷静であり、かつ正しい選択ができる状態にあることが必要です。

こういうときにも「青」は有効に働いてくれるでしょう。

●他部署との連絡会議

部署が違うだけなのに、まるで別会社、という企業も少なくないでしょう。フロアごとに部署が違い、エレベーターのドアが開くときに漂うあまりの空気感の違いに、つい閉めるボタンを押してしまったという話も聞いたことがあります。

同じ会社とはいえ部署が違うと互いが初めて顔を合わせることもあります。そういうときは、自己主張をするより相手を尊重し、相手からも受け入れやすい色で臨む必要があります。

相手にとっても自分にとっても負担にならないよう、フラットでいることが大切なのです。この匙《さじ》加減が、同じ会社内では案外難しいということも忘れてはいけません。自分が一番！という自己主張の強い色でいっても引かれてしまいますし、かといって意見を持っていないような暗い色で挑むのも違います。お互いに意見交換をすることもあるため、気持ちよくコミュニケーションが取れる雰囲気づくりを心がけたいものです。

そこでおすすめしたい色は、「紺」です。社内でありながら、ライバルかもしれない他部署との付き合いには、いつもより気持ちを引き締め、まっ白のシャツに紺のネクタイといった定番のスタイルにしてみてはいかがでしょうか。

社内だからといって、派手なピンクのシャツやまっ赤なネクタイなど、相手の気持ちを考えないファッションはNG。あまりよい印象にはなりません。

できるだけシンプルに。でも、誠実さとスマートさはピカイチの紺で身なりを整えてみてください。

ただ、持参する小物の色にはぜひこだわってみましょう。相手はもちろん、自分自身も穏やかな気持ちで臨むには、ノートや万年筆の色をオレンジにしてあげると効果が出ます。

ネクタイのように面積は大きくありませんが、ちらっと見えるペンの色や最初と最後だけ見えるノートの表紙の色などにコミュニケーションをうまく整える色、オレンジを自然に持ってこられるようになると色使いの上級者といえるでしょう。

●役員会議

役員会議は、部下や上司といったように立場が異なる者同士ではなく、分野や職種は異なってもあくまで同じポジションの人が集まって意見を交わす会議です。

この場合には、ひとりが特別に目立つことよりも協調性を意識することがとても大切になります。

「俺が俺が」と我を通す人もいますが、たかが会議で威張ったところで意味はありません。なぜなら評価者がいるわけではなく、全員が同じポジションなのですから。

色で例えるなら「赤」の要素はここではいらないのです。同じ立場といっても組織で働く以上、ライバルであることはまちがいありません。が、役員会議では互いのよさを認められるくらい、器の大きい余裕な雰囲気を醸しだしたいところです。

同じポジションの人間同士で感情的になることもなく、淡々と流れる時間の中でも、安定感のある色を醸しだす人がいたら気になってしまうものです。

できることなら「あいつってやっぱりすごい」と思わせたい。そこでおすすめしたいのが「緑」です。

緑は赤や青と違ってあまりパッとしない色ですが、リーダーらしいすっとしたクールな青い要素と、上の立場として目立つ華やかな黄色の要素とをバランスよく持っています。

森や林の中で落ち着くように、緑に囲まれると人は癒され、リラックスできます。お互いにライバルであってもリーダー同士の集まりだからこそ相談できる部下の悩みもあるでしょう。

この場だから話せるというような相談に対し、よいアイディアが浮かべばアドバイスをしてあげることも時には大切です。そんなとき、角が立たずにスムーズに和ませてくれる色が緑というわけなのです。

会議が終わったあとにギスギスするのではなく、どこかホッと、また定期的に集まって互いの情報交換をしようじゃないか！くらいの心の余裕を持ててこそ、上に立つ人だと思います。

したがって役員の常備色は「緑」がおすすめであり、その常備色を取り入れてこそ、気づかないうちに魅力ある人だと周りに思わせ、あなたへの印象も変わってくるでしょう。

会議室での色の取り入れ方

ここまではそれぞれの会議に必要なキーカラーをお話ししてきましたが、ここからは実際にどう使っていくかを説明していきたいと思います。

会議というと、まず必要なのが場所ですよね。今は必ずしもオフィスではなく、カフェやちょっとしたスペースで行ったりする人も多いかと思います。とはいっても基本は社内の会議室。まずは、自社の会議室での会議を想定し、お話ししていきたいと思います。

さて、ここでみなさんのオフィスの会議室を思い浮かべてみてください。会議室はたいていが似たようなレイアウトだと思います。殺風景なグレイッシュな部屋に、同じような色の机と椅子。ホワイトボードがあって、隅っこにはお決まりのように大きな観葉植物がちょこんと置いてある……。

中にはいち早く色を取り入れている企業もあり、色のついた椅子がちらほら置かれているところもあります。他にも社長の好みでしょうか、黒で統一している会社もあります。

ですが、以前よりはだいぶ変わってきているとはいえ、大手企業の会議室は、まだまだインテリアまで手をつけられていないというのが現状です。ブルー&グレーでまとまっているところも多いと思います。

こうしたインテリアの中で、これまでお話ししてきたさまざまな会議がうまく行われるでしょうか。色を取り入れていくためには、ちょっとした環境づくりも非常に大切な要素です。特に、大事な取り決めを行う場所はもっと事細かに配慮していく必要があります。

まず大切なのは、会議室に入りたくない！と思わせるような色合いは絶対にNGだということ。ここに一歩足を踏み入れたら夢のようにワクワクした世界が待っているんだ！と思えるような（思わせるような）雰囲気づくりが大事です。そうなるように、レイアウトや色を考えていきましょう。

では、どこから始めていけばいいでしょうか。

まず大手企業の場合、あなたが会議室の家具などを提案できる立場であれば、ぜひ椅子の色から始めてみてください。

椅子は座ってしまえば、あまり目に触れる色ではないため、色に慣れるために取り入れやすいアイテムです。最初は背もたれまで色が入っているものではなく、腰掛ける部分だけに色がついているものがおすすめです。

色に対して十分慣れている企業であれば、背もたれにも色がついている椅子をチョイスするのもよいでしょう。ただし、この場合には、全体の色とのバランスもあるので、きちんとカラー監修を入れてもらってください。ただ色を取り入れればよいというものではないからです。無闇に色を入れるくらいなら、殺風景のままの方がよかったりすることもあるので、注意が必要です。

会議室での小物使い

前の節では会議室の椅子の変更について提案しましたが、いきなりそれは難しいという場合は、まずは小物で色を意識してみましょう。

会議といっても、みんなでわいわいガヤガヤしながらする楽しい会議もあれば、数字などを扱う真剣な会議もあります。

ここでは、意見をひとつにまとめなくてはならない会議について考えてみましょう。おわかりのように会議時間も勤務時間に含まれるわけですから、ダラダラ長く行うより、短く効率よく進められた方が当然いいに決まっています。限られた時間の中で意見をまとめるには、相当な集中力が必要になります。

しかもひとりではなく、参加者全員の集中力を高めることが大切です。もし、参加者のひとりでもスマホをいじっていたり、居眠りをしていたら、それこそ気になって集中力も欠けてしまいます。

では、どうやったら集中力を高められるのでしょうか。

まず、机周りの色を統一させてください。

たとえばドリンク。気をつけてもらいたいのが、飲み物の色と、パッケージの色です。

普通なら、お茶、コーラ、ポカリスエットなど、自由に好きな飲み物を持参して会議に出るかもしれませんが、ここはあえて取りまとめてみてはいかがでしょうか？

では、なにを選びますか？　お茶はお茶でも濃いお茶の人とジャスミン茶ではペットボトルの色が異なります。コーラもそうです。通常の赤いコーラの人もいれば、ステビア入りの緑のコーラの人もいて、ダイエット・コークの黒いパッケージの人もいます。

ペットボトルだけではありません。他のパッケージでも同じことが言えます。

缶が好きな人もいますよね。缶コーヒーだけを考えてもいろいろな色があります。

朝の一杯で有名なWANDAの赤や、昔からあるブルーのもの。他にもブラックコーヒーのまっ黒なパッケージもありますし、微糖タイプになってくるとこれまた茶色っぽいものも登場してきます。

ペットボトルや缶でなくて、コップに注ぐ場合も同じです。烏龍茶の人もいれば、オレンジジュースの人もいたり……。いろいろな味を愉しむのは自分の席だけにして、会議室や仲間と集まって話をする際には、できる限り見た目を揃えてあげると集中力がぐっとあがります。

ただし、集中力UPに関していえば本当はジュース系やコーヒーではなく、水が一番よいのです。

正直、味はありませんが、この会議において、飲み物は味を愉しむために用意するのではありません。あくまでも水分補給のためと思っていただけたらよいかと思います。

刺激的な味だったり、おいしいものだと、そのことに気をとられてしまいます。できるだけひとつのことに集中するためには、見た目の色を揃えて（できればコップの形も)、かつ、無味無臭にしておくのがベストなのです。

ちなみに、アイディア出しの会議であれば黄色のコースターを用意してみたり、グレープフルーツジュースを透明なコップに入れて配ってみたりするのがよいでしょう。必殺技としてはランチミーティングにして、黄色いターメリックライスのカレーを用意するといったこともなかなかおもしろいですよ。

話が少し逸れたので、もう一度、集中力を高める会議というテーマに戻します。飲み物が整ったら、次はクリップの色を意識してみましょう。

資料を留めているクリップの色をすべて同じにしてください。色とりどりのクリップを使っている方もいますが、集中力を高めたいときは、すべて同じにすることが大事です。

通常はクリップといえばシルバーがほとんどだと思いますが、もし可能ならこのシルバーを「青」で統一してみましょう。小さな面積ですが、視界の隅に鮮やかな青があるだけで、集中しやすくなります。

他には、ホワイトボードに書くペンを「青」で統一するのも手です。また、手元で書くメモの字の色を全員が「青」にするというのもなかなか気持ちが揃って効果が出ます。

また、クリアファイルを使用している場合にはクリアファイルの色でもよいのです。思いきって、ぜひ小物に青を導入してみてください。

ブレストしたいときはタリーズへ！

会議とよく似ているようでちょっと違うニュアンスなのがブレストです。

気軽にスタートできるし、これが結構いいアイデア出しになったりするものです。

私もかしこまった会議より軽いブレストの方がアイディアが出ることが実際多いです。

自由に話せるからこそ、いろいろな考えが飛び交い、アイディアがひらめくという醍醐味があります。

とはいっても忙しい中、時間をつくって集まっているのですから、なんらかの収穫を得たいというのが本音でしょう。ふわっとしている中にも小さな気づきに出会えるだけでも大きな収穫だと思います。

そんな魅力的なブレストを開くには、場所選びがポイントになります。時間帯にもよりますが、必ずしも明るい場所である必要はありません。むしろ、肩の力が抜けるくらい穏やかな暖色系のライトがあるスペースなどがあればよいですね。

温かい色味の光は、カフェならタリーズコーヒーがピッタリ。明るすぎず暗すぎずのオレンジのダウンライトの空間はどこかホッとさせ、かつ、仲間とのコミュニケーションをゆっくり温めてくれる最適な場所です。

一方、ひとりで頭の中でブレストしたいときは、スターバックスがおすすめ。緑と茶色を基調としたスタバは集中して過ごしたいときに向いています。相手がいる場合でも、相談事を聞いたり話したりするような少人数での静かな時間が適しています。私のような執筆業の人にも向いています。私も大変お世話になっている場所のひとつです。

タリーズが仲間とコミュニケーションを取れる場所だとしたら、スタバはひとり頭を整理したいというときにおすすめの場所だと言えます。

一瞬で印象が変わる、プレゼンの勝負色

仕事をしていると避けては通れないのがプレゼンでしょう。よく相談を受けるのがプレゼン時のパワーポイントの色使いです。

便利なもので、今はテンプレートもたくさんあり、それを利用すればなんとか形にはなります。ですが、オシャレでわかりやすいものをつくるのはどうにも難しいのです。では、パワポ初心者でも簡単でセンスのよい資料をつくるにはどうしたらよいでしょうか？

まず資料をつくるときに大切なのが、テーマを決めるということ。テーマに合わせて背景色を選んでいくことをおすすめします。

これまでは、なんとなく好きな色やデザインでランダムに選んでいたのではないでしょうか。特に「これなら無難かな」という理由で選んでいる方も多いように思います。

資料の中身あってのカラーではありますが、プレゼンの際は資料自体の第一印象も

とても大切です。なぜなら、ぱっと出されたときにまず目に入るのが、形よりも色だからです。

資料の色も、ある意味ネクタイやワイシャツの色選びによく似ています。身だしなみについては自分に似合う、自分がより素敵に輝くものを選ぶでしょう。

資料も同じです。内容に合い、その資料がより素敵に輝くための色を選んでいくというふうに考えていただけたらと思うのです。その資料と一緒に勝負に出たり、後に資料だけがひとり歩きしても立派に人々に印象づけることができたらパーフェクトですよね。

ということで、まずは手元にあるテンプレートの中からでもかまいませんので、無難だからではなく、なぜこの色を背景に選ぶのかという理由づけをしっかりさせてから、色選びをしてみてください（色の意味は特別付録を参照）。

メモの色を工夫して、効率UP

　メールやSNSでメッセージをやり取りするのが普通になっているとはいっても、紙にペンで書いて手渡しするという昔ながらのスタイルもやっぱりまだまだ愛され続けています。

　中でも、ちょっとした「メモ」は重要な鍵を握っているものです。私もメモ書きは大好きで、あちこちにメモしています。このメモを集めただけでアイディアノートが一冊できてしまいそうです。

　ただ、バラバラにメモしていると、どこになにをメモしたのかを忘れてしまいますので、私はそうならないために、あることをしています。

　それは、ノートを一冊持ち歩くこと。さらに付箋をうまく利用するという方法です。

　ノートはあまり大きなものではなく、ちょうど文庫本と同じ、あるいは少し大きいくらいのサイズで手帳にも挟めるものを使っています。アイディア出しはたいていこのノートに書き込み、いっぱいになったら同じものをまた買ってきます。昔、受験のときに同じ種類の大学ノートを使い続けていった方も多いでしょう。あの感じによく似ています。

もうひとつのアイテムである付箋。付箋も今はさまざまな色のものがありますし、サイズも豊富です。

なので、自分の中で「付箋ルール」を決めています。

ルールといっても大したことはありませんが、付箋のサイズや色を見ただけで、なんの案件かがすぐわかるようにしている、というものです。

たとえば、まだ時間や曜日がハッキリ決まっていない予定で、スケジュール帳に書き込むにはちょっと早いかな……という段階のとき。こういうときに付箋はとっても便利です。

特に、蛍光色やパステルカラーなど色も豊富にある小さなタイプ（三センチ×一センチ）のものは、スケジュール帳の上にペタッと貼れますし、予定が確定したらはがせばよいだけなので、手帳をキレイに見やすく保てます。

すぐに書き込んでしまうのも悪くはないのですが、変更が生じる可能性のあるもののは、できるだけ付箋を利用することをおすすめします。

手帳の中に訂正線ばかり引かれていたら、それこそ見づらく、ミスの原因にもなってしまうからです。今は消せるボールペンもあるようなので、そちらを使われている方は必要ないかもしれませんが、色で管理するのは頭の中の整理にもつながるので、イチオシです。

あとは通常のメモですね。参考文献のタイトルやお店の情報、さらには上司の言葉など、ひと言だけでもとても大事で、それを忘れないようにメモする際にも付箋はとても役立ちます。

そのときも、いつも同じ付箋に殴り書きしていては、あとから見たときにいろいろなメモがありすぎて、整理するだけで時間がかかってしまいます。

ですので、最初から付箋の色を何種類か用意しましょう。たとえば上司（部下）からのメッセージはオレンジ、経理総務関係は緑、クライアントからのメッセージは水色、プライベート関連はピンクというように分けるだけでもずいぶん整理できますよね！

ただし、付箋の色を増やしすぎると、今度はどの色がなんの役割かを忘れてしまいますので、四つくらいでまとめるのがベストです。ぜひ考えてみてくださいね。

フォーマルな会議で発言するときは？

一年に何回か、通常の会議とは違う、ちょっぴりフォーマルな会議ってありますよね。こういった会議は人もたくさんいますし、小さなお祭りごとのようにも感じやすいものです。

ですが、もしこの大きな会議であなたが壇上で発言するとしたらどうでしょう。お祭りなんて言ってはいられません。

しかも、普段顔を見せない社長や役員なども参加している会議だったらなおさらです。では、こうした場での発言はどういったことに気をつければよいのでしょうか。

これも色で解いてみましょう。まずは発言する側の色を確認します。夏はクールビズが当たり前になっている企業にお勤めの方でも、さすがにこのときばかりはネクタイをしてジャケットを羽織るでしょう。

となると、ネクタイの色とワイシャツの色は十分気をつけなくてはなりません。こうしたフォーマルな会議の場合、自分の立場がどうであろうと、シャツは誠実でどんな色にも染まれる可能性のある色、「白」を選びましょう。アイロンがかかっていないものではダメですよ。パリッとした最高の一枚をチョイスしてください。

続いてネクタイです。ネクタイは無地もあれば柄ものもあります。フォーマル度にもよりますが、おすすめは「適度に柄が入っているもの」です。

無地もとってもオシャレなのですが、何色を選ぶかで印象が大きく変わってしまいます。上手にチョイスできればよいですが、選択をまちがえるとせっかく準備してきたものも水の泡。慣れないときはあえて柄ものを選びましょう。

たとえば、誰もが一本は持っているレジメンタルストライプ。イギリスの軍旗から誕生した縞柄を指しますが、イギリス軍の軍旗はもともと色や柄の違う旗が使用されていることから種類も豊富です。

レジメンタルストライプの魅力はスーツに華を与えてくれることです。ネクタイの柄としても高い人気を持ち、二色、三色、四色と色数も異なるため、どんな色の組み合わせかによっても見栄えが変わってきますので、慎重に選んでみてください。

また、線の数や太さも重要です。線に色が入っているわけですから、線が多くなれば色が増えますし、太くなれば色の主張が強くなります。

つまりストライプ柄は色や太さによって異なりますが、同系色の無地のネクタイよりも色から感じる印象をより際立たせることができます。色によっては自己主張が強い人、自己顕示欲の強い人と思わせてしまうので気をつけてください。

一方、水玉（ドット柄）の場合はどうでしょう。水玉は小、中、大と大きさによってこれまた雰囲気が変わってきますが、フォーマルの場あるいは前に出る場合におすすめです。

同じ「丸」という記号が規則正しく繰り返されているため、人の広がりを感じさせてくれます。ストライプよりも主張の強さは軽減され、代わりに穏やかで温和なイメージに見せることができます。水玉が小さくなればなるほど無地に近くなり、大きくなればなるほど色が目立ってきます。

無地のネクタイは基本に忠実で、知的で真面目な雰囲気をアピールすることができます。フォーマルな場ですから模範的で常識的なイメージを与えたければ無地はピッタリ。ただ、前述したように色からのメッセージが強く出てしまうため、色の持つ意味をよく考えて選ぶ必要があります。色選びに関しては特別付録をご参照ください。

また、遠目で見ると無地でも、間近で見ると細かい千鳥格子柄が入っているような「遠目無地タイ」もフォーマルの席ではとても馴染みます。千鳥格子以外にも和風や外国風の小さな柄の入った小紋タイプがあります。紋が小さければ無地に近くなり、真面目な雰囲気を出せます。小紋タイプはあまりに種類が多いため、トレンド上にはなかなかあがってきません。ですので、よいものを選べば長く愛用することができます。

ネクタイは色も柄も非常に豊富です。フォーマルなときだけでなく、毎日どの色のどの柄にしようか悩まれる方も多いと思います。簡単に言うなら、色数が減れば減るほどその色の印象が強くなり、色が濃くなればなるほどメッセージ性は高まります。色数が増えても一つひとつの色がぼんやりしていれば、穏やかな印象を与えられます。

まずは色の意味を知って、お手持ちのスーツやワイシャツと合わせながら客観的に見ることをおすすめします。

みんなが黙り込んでしまうNGカラー

この章では、さまざまな会議を通して色の話に触れてきました。中でも、〝こういった色を使うと効果的〟というようなプラスになる色を中心に進めてきました。ですが、締めくくりはこれとは逆の、マイナスになる色についてお話ししていきます。

色は、必ずしもプラスになるとは限りません。どんな色にもプラスの意味もあれば、マイナスの意味も備えています。たとえば、「赤」。一見、情熱的で熱心なイメージがありますが、使い方をまちがえると暑苦しい、ウザいといったネガティブなイメージへと変わってしまいます。では、「青」はどうでしょう。誠実で冷静でクールでカッコイイイメージが強い一方、冷淡で、さっぱりしすぎて、寂しいイメージという受け取り方もできます。

会議では、赤があることで積極的に意見が飛び交います。青があれば積極的というより慎重に着々と進行されていくことでしょう。では逆に、みんなが黙り込んでしまう色もあるのでしょうか。

時と場合によりますが、あります。色の効果が大いに発揮され、誰もが口を閉ざしたくなる色、それは「黒」です。

黒は重厚感があり、高級なイメージや厳格なイメージを漂わせます。プロフェッショナルなイメージを強く与えることができるので、専門的な分野で活躍されている人は、ここぞ！というときに黒を使えば、よりプロっぽさを印象づけられます。

特に日本人は、黒を無難な色として仕事でもプライベートでも頻繁に使っている人が多いですが、実は厳かな色の代表とも言えるのです。冠婚葬祭に黒が使われることからも、黒が特別な色であることがおわかりいただけるかと思います。普段使いに黒を使う際も、敬意を払い、意味を理解した上で取り入れていくことができたら素敵ですね。

そして、黒には絶対に覚えておかなくてはならない意味があります。それは、黒は、色の中でもっとも重たい色だということです。この重たい色が一カ所に集まれば、そこにはドシンとした空気が充満します。なにか意見を言おうにも、どこか恐怖を感じ、全員が黙ってしまうのです。

ホストクラブを想像してみてください。ホストたちは、黒服を装っていることが多いですよね。そこに通う女性たちはこの黒装束の彼らの中に一度飛び込んでしまうと、彼らの支配下に入ってしまいます。店に入ったその瞬間から、ホストたちにロックオンされてしまい、結果、身動きが取れず言いなりになってしまうのが想像できるのではないでしょうか。

もちろんホストクラブに通う女性たちは、これを自ら好んで通うわけです。彼らのテクニックにハマることをわかった上で通いつめるのです。中には本気になって通いつめてしまう人もいるかもしれませんが、基本的には、男性がキャバクラに通いつめるのと似ています。

ただし、ホストとキャバクラには大きな違いがあります。前者はまっ黒、後者は多色で色鮮やかな世界観に包まれているということです。まっ黒に長時間包まれると、言いたいことが言えなくなります。自分の話を聞いてもらっているようで、実はホストたちに支配されているのです。

一方、キャバクラの場合、色鮮やかな雰囲気のお陰で、男性はオープンマインドになります。普段なら言わない愚痴も気づいたら口にしているというわけです。中には毎回優しく聞いてくれる女性たちを愛おしく思い、頻繁に通いつめてしまうという男性も少なくありません。

黒という色は、その道のプロとして一目置かれやすく、相手に強い信頼を植えつけることができると同時に、多用すればするほど必要以上の重圧を相手に与え、時と場合によっては、相手を追いつめたり困らせたりしてしまうのです。魅力的な色ほど使用上の注意が必要なのです。

第三章

コミュニケーションがうまくいくカラー

ギスギスした雰囲気を和ませるカラー

職場で上手な人間関係を築くのは、ビジネスパーソンとしてもっとも難しい要素と言えます。どんなに営業成績がよくても、どんなに事務処理能力に長《た》けていても、他人とのコミュニケーション能力が低い人は、いつかつまずいてしまうでしょう。

コミュニケーションの基準になるのは、やっぱり会話です。会話といっても、メールやSNS上の顔を見ないでするやりとりではありません。

もちろん昨今では、こうしたSNS上でのやりとりも無視はできませんが、人と人との関係の基本は、対面あってのもの。目と目を合わせて初めて、本当の意味でのコミュニケーションが始まるといっても過言ではありません。

人は誰かと話すとき、相手の目を見て話します。ただ、少々気まずいときなど、つい下向きになってしまったり、目が合わないように逸らしてしまったり、そわそわ落ち着かない、なんてこともあるでしょう。特に相手が女性だったりすると、なおさらです。

ここで知っておきたいのは、自分が気まずいと思っているときは、たいてい相手もそれに反応しているということ。相手もどこか落ち着かないのです。

ここでいくつか対処法をお伝えします。ギスギスしている原因が今に始まったことでなければ、自分の着るワイシャツの柄を見直してみましょう。

線がある場合、人はそれに沿って目を動かしていきます。ストライプなら上から下に視線が動きます。特に緊張している場合は余計、目のやり場に困って線を追いかけてしまいます。相手が視線を下に動かしたら、あなたは余計に落ち着かなくなるでしょう。

無地は目線の行き場がないので緊張させます。病院で白衣を着たドクターに緊張する感覚を思い出してもらえればわかると思います。

では、タテ・ヨコに線が入っているチェックの場合はどうでしょう。無地ほど緊張させず、ストライプほど偏らず、結果、目を見てもらいやすくなります。

本来なら、相手もチェック柄のワイシャツを着てくれていたら助かりますが、さすがにそこは指定できません。まずは自らがオープンマインドの気持ちで臨むことが大切なのです。とても小さなことですが、これだけでも相手との距離はぐっと縮まるはずです。

余裕があれば、次に意識してもらいたいのは色です。

チェック柄なら何色でもいいというわけではありません。おすすめしたいワイシャツの色は、ピンクやオレンジ、あとはオシャレに見える茶色です。オレンジのチェック柄を細かくしていくとだんだん茶色に近づきます。オレンジを着るのは難しくても、茶色なら気軽にチャレンジできる方も多いのではないかと思います。

ちなみに、相手が女性の場合には淡いピンクを着るのがおすすめです。男性であればオレンジや茶色だと相手も緊張が解けてきます。

温かい雰囲気を演出したいとき

仕事といっても、ピリピリした空気が常に漂うオフィスなど、誰も好みません。もちろん職種にもよりますが、できることなら一日の中でもっとも長く身を置く場所こそ、家族のような温かさが多少ある方がよいのではないでしょうか。

みなさんの会社はどうでしょうか？　常に温かい雰囲気が漂っていますか？　ぬくもりが感じられると、心地よいですよね。これはプライベートだけでなく仕事でも同じです。上司と部下の関係や同僚との関係など、他人には見えない派閥などもあるかもしれませんが、それでも雰囲気がいいに越したことはありません。

では、少しでもぬくもりある雰囲気を演出したいときは、どうしたらよいのでしょうか。

まずは現状を振り返ってみましょう。みなさんのデスク周りはどうなっていますか？　物でごった返していますか？　それともキレイに片付いていてパソコンだけが置かれた状態ですか？

答えはどちらでもかまいません。大切なのは、そこに「色」があるかどうか、なのです。

たとえば、キレイに片付いたデスクだとします。その場合、ペン立てやマウス、さらにはマウスパッドなどに色を意識してみてはどうでしょうか。「色がある＝ごちゃごちゃしている」ではありません。シンプルな中にもアクセントとして意識して色を置く、ということが大切なのです。

ただ、ここで注意が必要になります。なるほど色を置けばよいのかと、自分の好きな色を持ってきては、ここでの〝温かい雰囲気づくり〟には適しません。自ら温かい空気感を漂わせたいというのであれば、ここは意識的に色を選ばなくてはならないのです。

では、何色を選べばよいのでしょうか?

正解は、近寄るだけで体が温かくなる色、たとえば薄い「オレンジ」や「クリーム色」などです。部下が、上司であるみなさんに「この資料をチェックしてもらえますか?」と近づいてきたとします。あるいは女性社員が「すみません。これ●●さんからのおみやげです。部長もどうぞ」と近寄ってきたとします。こんなときにこそ、その小さな色使いに人は目がいくものなのです。

「●●部長(課長)は、なんか話しかけやすくていいよね!」

こんなふうに部内で噂になってくれたら、とてもうれしいですよね。そのためにも、色で仕掛けていきましょう。

マウスやマウスパッドを使っている方は、ぜひそれを「オレンジ」にしてみてください。もしくは、オレンジに近い黄色や木のぬくもりを感じるベージュなどでもかまいません。見るからにほっこりできるような、そんな色味にしてみてください。

マウスなどがない方は、ペン立てやパソコンの待ち受け画面でもかまいません。「オレンジ」や「黄色っぽい色」に変えてみてください。席を立ったときに自分の代わりにモニターが存在感を伝えてくれて、一石二鳥です。

他にも、椅子の上にクッションを置いている人は、それを「オレンジ」にしてみたり、いつもそばに置くペンケースの色を暖色系にするのもいいですね。

ペンケースや手帳を「オレンジ」にすれば、オフィスだけでなく、訪問先やカフェなど場所を移動しても温かさを持っていくことができます。

男性というのは、ついつい黒やグレーといった無機質なもので揃えたくなるようですが、オフィスではあえて色を使ってみてください。

モノトーンは自宅で楽しみ、オフィスでは自分が楽しむより自分の周りの人が楽しめる空間づくりを意識してみてくださいね！

上司と仲良くなりたいとき

人間関係がうまくいっているときというのは、どこか温かい雰囲気を感じられるものです。もちろん周りとの関係性もありますが、ギスギスした雰囲気の中では心地よい関係は決して生まれません。

ここで勘違いしてはいけないのが、相手との距離感です。パーソナル・スペースという言葉を聞いたことがあると思いますが、これは人間関係において大切にしなくてはならない、相手との距離のことを指します。

中でも、会社の部下や同僚、先輩たちとの距離の取り方は難しいものです。よく、交流を持ちたいからと、やたらとプライベートに入り込んできたり、馴《な》れ馴れしく呼び名を変えてきたりする人を見かけますが、これは逆効果です。

いつも近くにいるからといって理解しあえているとは限りませんし、あえて距離を取りつつも、お互いに尊敬しあい、認めあっているということも少なくないと思います。男性の場合には、むしろ多いのではないでしょうか。

中でも上司との距離感には気を遣いますよね。仲良くはなりたいものの、同僚のように馴れ馴れしくはできませんし、頭を抱えている人も多いようです。

では、どうしたらよい距離感を取ることができるのでしょうか。どんな色を意識したら、上司と上手にコミュニケーションを取れるのでしょうか。

ここで少し、インテリアの色使いを例にとって考えてみたいと思います。

青などの寒色系は、一見、部屋を広くスッキリ見せることができますが、どこか寒々しく、距離感を感じさせてしまいます。ですので、リビングなど人が集まる場所にはあまり適さない色といえます。

一方で、赤やオレンジといった暖色系はどうでしょうか。部屋を広く見せるのには適しませんが、逆に狭く見せることができます。別の言い方をすると、距離をギュッと縮めてくれる効果があるというわけです。

つまり、寒色系の色を使えば相手との距離が長くなり、暖色系の色を使えば短くなるというわけです。

普段からどこかつっけんどんだったり、なぜか緊張感を漂わせていたり、上司のタイプもさまざまだと思いますが、少しずつ理解を深めていくためには、パーソナル・スペースは取りつつも自然に距離を縮めていくことが大切です。そこで大活躍してくれるのが色なのです。色は無言でふたりの距離を広げたり縮めたりしてくれます。

では、いったい何色が助けてくれるのでしょうか？

答えは、この本のタイトルにもなっている「オレンジ」です。オレンジこそ、ふたりの距離を上手に近づけてくれる色なのです。

決して無理してぺちゃくちゃ話す必要はありません。相手が普通に言葉を交わしてくれる人ならば、ただオレンジの物を身につけてさえいれば、自然と会話が生まれてきます。

最初は手帳やノートでもかまいません。ですが、慣れてきたらぜひネクタイに取り入れてみてください。きっとなんらかの効果が得られますよ。

初対面のとき、人に印象を与えられる色

話をしていておもしろい、どこかホッとできる、また話がしたい、すごいパワーを感じる！といったふうに、なんらかの印象を与える人がいると思います。

そんな人は、話し終えてその場を離れたあとも、相手の頭の片隅に「色」を残像として置いていきます。こうした人は、北海道で会っても、大阪で会っても、福岡で会っても、決して印象を変えません。どこへ行ってもブレていないのです。どんなときでもなんらかの印象を相手に与えて帰ります。その印象が良いか悪いかはまた別の話ですが……。

ただ、同じように話をしても印象に残る人とそうでない人との差が出るのであれば、少しでも覚えてもらえる方がよいに越したことはありませんよね。では、どうやって相手に印象を残すことができるのでしょうか。

人間の第一印象というのは、何秒で決まるかご存知ですか？

人によって多少の違いはありますが、およそ六秒と言われています。六秒と聞くと

短いように感じますが、カウントしてみると、これが結構長いのです。
一、二、三、四、五、六。この間に、人はみなさんのことを「こんな人だ」と判断するというわけです。つまり、この六秒こそが勝負の時間。
でも、よく考えてみてください。この時間が勝負なら、この六秒で勝ってしまえばよい、というわけなのです。

みなさんには「六秒しかないのにどうやって？　勝てるわけないじゃないか！」ではなく、「六秒もある。六秒で勝てばいいだけでしょ？」という考えを常に持っていただきたいのです。

心が固まれば、あとはどう勝負するかです。もちろんこの本では体を使った格闘技ではなく、色で仕掛けます。

第一印象を与えるというのは、つまりは初対面での勝負。初対面というのはワクワク半分ドキドキ半分、どちらも欠かせません。そんな少々不安定な状態で、どう対応すればよいのでしょうか。

おそらくみなさんは、特になにも考えず、普段どおりに新しい方と会って話していたと思います。ですが今日からは、〝普段どおり〟にプラスαをして、よりよいファーストインプレッションを与えるようにしていきましょう。

みなさんが初めてということは、相手も当然、初対面です。自分が緊張していなくても、相手はものすごい緊張感に襲われているかもしれません。これぱっかりは会ってみなくてはわからないことです。

では、好印象にするためには、どうすればよいのでしょうか。

まずしなくてはならないのは、自分自身をよりよい見栄えに仕上げるということです。それはヘアスタイル、ヘアカラー、スーツやワイシャツ、ネクタイといった、身だしなみ全体の色使い。さらには名刺入れや手帳などの小物だったり、自分の身の回りのカラーチェックです。

特に、顔の印象に影響を与えるワイシャツやネクタイの色には細心の注意が必要です。可能な限り、自分の肌の色や瞳の色に馴染む色を使うことで（特別付録を参照）、顔色を明るく、イキイキと見せることができます。

もともと色黒の方や、年中ゴルフやサーフィンでまっ黒という方は、その肌の色を利用して、まっ白のワイシャツを合わせて白黒のコントラストでパキッとメリハリをつけるのもひとつのカラー戦略です。

よく、色黒なのを隠そうとして、サラリーマンや社会人の定番である水色のワイシャツを着る方がいらっしゃいますが、あれでは中途半端になってしまい、あまり好印象にはなりません。

青を身につけることで誠実さをアピールしているつもりでしょうが、こんがり焼けた肌を言い訳しているようで、かえって嫌味になってしまいます。それならアイロンのかかった、まっ白のワイシャツの方がずっと素敵です。

逆に、色白の方は、まっ白よりも少し柔らかいオフホワイトを選ばれることをおすすめします。

いやいや、やっぱり白といえば漂白したようなまっ白でないと！と強い白を選ぶと、顔の柔らかさがワイシャツの強い白に押しつぶされ、負けてしまいます。ワイシャツがしゃべっている、そんな印象になってしまいます。ですので、自分の肌色に合わせて、白は白でも馴染む色を選ぶとよいでしょう。

また、極端に色黒でも色白でもないという方は、初対面では誠実さをアピールするのが得策です。誠実さをアピールするには、「紺」が一番。

紺のスーツや紺のネクタイ、ブルー系のワイシャツを上手に合わせてあげれば、青のグラデーションが完成です。まるで空や海を見ているようで、誠実さのアピールに加え、相手をクールダウンさせることもできます。

ポイントは、あまり上半身にメリハリをつけないこと。まっ白のワイシャツに、まっ赤なネクタイ、そして紺のスーツ!なんてトリコロールのような配色では、そばにいるだけでどっと疲れてしまいます。

え? 別に僕は誰にも害は与えてないけど?なんて言葉が脳裏をよぎった方はイエローカードです。色というのはタバコと同じで、吸っている人よりも副流煙を浴びる、そばにいる人の方がずっと大きな影響を受けやすいのですから。

このことを決して忘れてはいけません。タバコの煙を初めて浴びる人の気持ちを考えてみれば、少しは理解できるのではないでしょうか。

つまり、初対面の人の前では、あまり刺激的な色で強すぎる印象を植えつけないことが大切なのです。だからといって、地味にするというわけではありません。無難という言葉を当てはめるのもよくありません。

あくまで、〝トータルバランス〟を心がけてもらいたいのです。ネクタイだけやたらと派手にしたり、クールビズだからとワイシャツの色にこだわりすぎたり、もちろんスーツの色をバブル期を思い出させるような紫にする（さすがにこれはないと思いますが……）などは論外です。

たとえば、スーツは「グレー」で、ワイシャツは「薄い水色」。でも、ただの水色のシャツではなく、襟元が白いクレリックシャツをチョイス！　締めのネクタイは紺に近い色で硬派に決めるなど、決して派手ではないのに、どこか洗練された感じもある。こうした雰囲気をつくることができたら、初めて会う人も安心して話をしたり聞いたりすることができます。

女性の同僚が多いときの色使い

一方、女性が七、八割を占めるという企業も最近では少なくありません。男性と肩を並べてバリバリ働く女性の多い職場も増えてきています。

そんな中に身を置いている男性陣も多いことでしょう。中には上司が女性という方もいるのではないでしょうか。この節では、そんな女性が多い職場で、どのような色使いをしたらいいかについて述べていきます。

女性は男性と違って、普段から色に敏感です。洋服はもちろん、メイクやヘアカラー、バッグや靴、ネイルなど、色だらけの中で生活しています。さらに、料理をする人は、毎日の洋服をコーディネートするように食事のレシピも考え、買い物をしたり調理をしたりしているわけですから「色」なしでは語れないのです。

よく男性と女性はそもそも脳のつくりがまったく違うという話を聞きますが、本当にそのとおり。もともとが理解しあえない動物なのだと思います。だからこそ、理解しあえたときはうれしく、また相手を理解しようとする中に信頼関係が生まれ、次第に互いを尊重しあえるようになるのです。男女の関係というのは複雑ですが、だからこそ刺激になる、そう思います。

前置きはさておき、日々、こんなふうに頭の中が色で大忙しな女性とどう向き合っていくとよいのでしょうか。

答えは簡単です。同じ動物だと思わせることです。同じように色で忙しそうだなって思わせてしまうのです。そうすることで、異性なのに同性のような感覚にさせることができます。

ただし、これは女性のタイプにもよります。もともとメイクやネイルなどにまったく興味を示さないようなタイプの方や、洋服はいつも黒やグレー系とモノトーンを好む人にはかえってウザがられてしまうので、注意が必要です。

とはいえ、どんなに意地を張っていても中身は女性です。男性の適度な色使いは正直うれしいものです。見た目には色がない人に限って、部屋はピンク一色！なんて方も中にはいますので、女性は外見で判断できません。

普段は黒一色なのに、ゴルフのコンペになると全身ピンク！なんて人を見たことがありませんか？　女性というのは本当に、なにを考えているのかわからない生き物なのです。

役職がついてくればくるほど落ち着いた色を好む人もいれば、さらに派手になる人もいます。洋服は落ち着いていても、ネイルの色は毎回ド派手！なんて人もいるので、ネイルの色をチェックするといいでしょう。

ちなみに服は地味でもネイルだけはやたらとゴージャスという人は、自己主張の強い人が多いです。自分では選べないので服にはなかなか取り入れられませんが、ネイリスト（他人）に任せれば主張できる、プロに任せることで本質的な強い自分を表現し、バランスをとろうとしていることがあります。

手元はもっとも目に入る場所ですから、それなりに自信がある人でないとゴージャスにしたりはできません。本来なら服もネイルもＴＰＯに合わせて明るくしたり落ち着かせたりできるのがベストなのですが……。

とにかく、女性が多い職場では、女性のことを考えて、ぜひ色をもっと積極的に取り入れてもらえたらと思います。たとえば、女性は流行に敏感ですからトレンドカラーを調べ、実際にファッションにさりげなく取り入れてみるとよいですね。トレンドを知っている男性はモテます。なぜなら時代の傾向を色でしっかり読めているという証だからです。頼れる上司！となることまちがいありません。

それでも色を自分の身の回りに置くには少し抵抗があるという方がいたら、一度、日本の四季の色に委ねてみましょう。洋服というのは、季節に合った色が必ず市場にあがってきます。もちろん、それ以外のトレンドカラーも仕掛けられますが、それでも季節に合った色はなにかしら売られるものです。

当然、人々はそれを手にし、必要であれば身につけます。春であれば、柔らかいパステル調の軽い色からビタミンカラーのような明るい色がメインに出てきます。

夏になると、水色や青といった爽やかなブルー系のものが多くなり、清潔感をイメージする白も多く出回ります。

秋になれば、穀物や紅葉の色を思わせるこっくりと深みのある色味が登場します。ハロウィンのオレンジや栗のブラウン、紅葉を感じさせる落ち着いた赤や橙《だいだい》などに癒されるものです。

冬になれば、銀杏《いちょう》のマスタード色やクリスマスカラーの赤や緑が街を賑わせます。ゴールドやシルバーなど、キラキラしたものも人気が出ます。

こんなふうに、日本は常に四季に合った色に誘導されているのです。色が苦手という方は、みんなが一斉に色を楽しんでいるときに便乗してしまうのがおすすめです。

最初はハンカチなどからスタートしてもいいでしょう。ノートでもかまいません。季節に合った色使いを心がけるだけでも、女性の心を惹きつけます。

慣れてきたらワイシャツやネクタイにも取り入れます。スーツではなく私服もＯＫな企業なら、ベルトやバッグなどに取り入れてみるのもいいと思います。

「先輩、その鞄かわいいですね！」

「●●さん、今日のそのシャツの色、素敵です」

といった、色を介しての会話が生まれることまちがいありません。口下手な人でも、色が代わりに話をしてくれます。

最初は季節の色から、慣れてきたら周囲をよく見ながら、さりげなく色を取り入れてみてくださいね！

世代の違う相手とコミュニケーションしたいとき

「この人にはこの色！　これさえあれば仲良くなれる！」

残念ながら、どんなに色がコミュニケーションを手助けしてくれようとも、必ずこれ！という正解はありません。

あくまで参考程度としかお伝えできないのが心苦しいのですが、十人十色と言われるように、人の色というのは、十人いれば十の色があります。正解などないのです。ですが、色の基本を知らないのと知っているのとでは大きく違ってきます。特に世代の違う人とのコミュニケーションには、色はとても役立ちます。なぜなら、時代にはなんらかの色が必ずあるからです。

同世代の人であれば、同じ時代を生きてきたのですから、どんな時代を歩んできたかはすぐにわかります。が、自分より先輩、もしくは若い世代だったりすると、これが結構難しかったりしますよね。

少し歳が離れていて少々会話に苦しむという場合には、自分が色を身につけるというより、相手から色を引き出していくと比較的スムーズにいきます。会話の中で「色」を引き出すのです。

「どんな色がはやってました？」

と聞くだけでもかまいません。この質問を投げかけるだけで、相手は一度、頭の中で昔を思い出します。

どうだったかな？　何色が人気あったかな？と、時代の色を思い浮かべはじめます。そのときの表情からもなにか感じ取れたらいいですね。うれしそうなのか、ちょっと嫌な思い出なのか。不意の質問に、人は本音が出るものです。〝顔色〟という言葉のとおり、顔の色をチェックするのもおもしろいですよ。

こんなふうに、時代の離れた相手とのカラーコミュニケーションは、まずは相手に話をさせることから始めてみましょう。

ただ、そのときにこちらも、やらなくてはならないことがあります。それは、できるだけ相手が話しやすい雰囲気をつくることです。

そのためにも、柔らかい色を身につけていくといいですね。相手をホッとさせてあげるような、ブラウン系やベージュといった、まるでテディベアのような色味をどこかに取り入れるとよいでしょう。

ワイシャツやネクタイでもいいですし、ベルトや靴などを黒からブラウン系にするのもおすすめです。とても小さな色替えですが、相手からすると、親近感を感じるものなのです。

また年代別で考えた場合、年配の方には青や緑系を意識していくことをおすすめします。

人は年齢を重ねていくと、日々の日焼けから肌にメラニン色素が増えてきます。シミなどがそうですよね。実はこのシミ、眼にもしっかり付着し、視力を妨げるようになります。視覚から脳に送る色の信号が、昔のように正確に届かなくなってしまうのです。中でもメラニン色素に反射しやすい青や緑といった色は、脳に届くどころか跳ね返されやすく、より信号が届きにくくなっていきます。

こうなってくると、人は日に日に青や緑を強く求めるようになり、気づくと緑豊かな自然に足を踏み入れていたり、盆栽やガーデニングが好きになったりしているのです。

ですので、自分より若い世代の人が青や緑を身につけていると、どこかホッとするというわけです。

ただ、歳をとるごとに色を見分ける力に衰えが生じてくるため、できるだけ明るい色を選ぶことをおすすめします。

特に、青や緑は見えにくい色。心地よいけれど見えにくいのです。少し明るいかな？と思うくらいがちょうどよかったりしますので、どんな色も明るめを意識してみてください。

また、青や緑と同様、年配の方と接するときに、おすすめな色があります。それは、ピンクです。

ピンクは若さを取り戻すには最適な色です。歳をとるごとに、ピンクに興味を持つ女性が多いのも理にかなっています。ピンクは女性だけのためにある色ではありません。むしろ男性にこそ着てもらいたい色のひとつです。

一方で、若い世代と接するときは、無彩色がおすすめです。無彩色とは、白、黒、グレーのこと。一見、派手好きに思われる若者ですが、背伸びしたいのか、モノトーンを好む傾向があるからです。

また、黒は誰が着てもカッコよく見える上に、重厚感があります。強そうにも見せてくれ、男性には特に人気がある色というわけです。

部下の本音を引き出すカラーマネジメント

人の本心がどこにあるのか？　これは家族でもなかなかわからないものです。ですが、もし、ちょっとしたヒントが隠されているとすれば、ぜひ知りたいものですよね。同僚であれば飲みの席でざっくばらんに聞き出すことも可能ですが、部下となると、そう簡単にはいきません。

もし、部下の本音を引き出したいと思ったら、まずは相手を知ることから始めてみましょう。部下が普段なにを重視しているか、しっかり理解してあげることが大切です。

そこで、ぜひ見てもらいたいものがふたつあります。

ひとつ目はペンです。まずはペンの価格帯をなんとなく分析するのも相手を知るためには重要なポイントです。

愛用しているペンはどんな選び方をしているのか。たとえば、モンブランのような高級な万年筆を使っているのか、景品でもらったような安いものを使っているのかで、その人のペンへのこだわりが見えてきます。

ペンは契約書にサインする際にも使いますし、銀行でサインするときにも使いますよね。しっかりとコミュニケーションを取るときにはなくてはならないアイテムのひとつです。だからこそ、その人の姿勢が見えてくるというわけです。

また、形だけではなく、色にも注目してみてください。黒や紺といったカチッとしたペンを持っている人は、堅実でモラルにとらわれている傾向が強いです。

もちろん実は逆で、まったくルールにとらわれない非常識なタイプの人があえて好感度をあげるために黒や青を選んでいる場合もありますが、中でも紺や青のペンを持っている人は順序よく、丁寧に話を進めていきたがります。

一方、黄色やオレンジといった楽しそうな色を持っている人は、見たままです。フランクなスタンスで、常に誰かと仲良くなりたい！　楽しく過ごしたい、そう思っている傾向が強いので、フォーマルというよりどこかカジュアルで、親しみやすい雰囲気を持ちたい、もしくは持っているということが見えてきます。こうした人と話す場合には、かしこまった場所や丁寧すぎる口調で話すと、本音を引き出すどころか、かえって壁ができてしまいます。

こんなふうに、ペンを見るだけで相手のことがなんとなく推測できるのです。

もうひとつのチェックアイテム、それは靴です。

足元は気にする人は気にしますが、案外見落としやすい部分でもあります。これまで三万人以上の方のコンサルティングをしてきましたが、残念なことに足元を気にしていない人が実に多いことがわかりました。

足元は、本人以上に他人はよく見ています。自分のはあまり気にしていなくても、人の足元は見ていたりしませんか？　足元は人からはよく見える部分ですが、自分自身は一度靴を履いてしまうと、あとは帰宅するまで滅多なことがない限り見ません。しかも、毎日スーツで通勤となると、いつも同じ靴を履いているという人も少なくないでしょう。

ここから推測されることがあります。つまり靴こそ、その人の隠された本質が出やすい場所、というわけです。

女性なんて一目瞭然。洋服にはお金をかけ、あれこれ色を楽しむのに、靴となると黒しか履かない。二足しか持っていなかったり、冬はブーツオンリーなんていう人も結構多いのが現状です。

足元というのは、実は服よりも大切な場所。自分が立つとき、それを支えてくれる土台となるわけですから。ですので、私は洋服よりも靴を大切にしています。靴をキレイに磨いている人は、自分を丁寧に扱っている証。

男性の場合、スーツだと靴は黒か茶色と決まってしまいがちですが、お手入れをしているか否かは見ればわかりますよね。ドロがついていたり、ホコリが被っている靴を履いている人は、あまり細かいところまで気にしない傾向があります。

一方、いつもキレイにしている人は、普段は見せなくても中身はとても繊細……なんてことがよくあります。

相手の本心を見極めるというのはなかなか難しいものですが、こうしたちょっとした習慣から見えてくるものもあるというわけです。

また、お手入れの仕方以外に見てもらいたいのが、形です。トレンドを追いかけているような遊びのある靴なのか、それとも型にはまった定番のものなのか。これだけでも物へのこだわり加減が見えてきます。

女性の場合は、男性以上にわかりやすいです。さまざまな色や形をＴＰＯに合わせてチェンジできる人は、仕事もその都度楽しくこなし、堅苦しくならないスタンスを保とうと思っています。

だからといって、いい加減ということではありません。むしろきちんとしているからこそ、ＴＰＯに合わせて土台を毎回変えるのです。もちろん自分に似合ったものをチョイスしながら。

こうした女性とは、仕事をする上ではしっかりした口調でコミュニケーションをとりつつ、ブレイクタイムやお酒の席では「その靴、素敵だね！」といったふうに、褒めるとよいでしょう。この人さりげなく見てくれているんだ、という感情が生まれ、うれしくなるものです。

一方、いつも黒いパンプスしか履かないという方には、靴の話はNGです。こうした方は、自分のことをとにかく知られたくない、そう思っていることが多いのです。ただし、そう思っている裏で、本当はもっと知ってほしい、自分のことを理解してほしいという願望も持っていたりします。

ゆえに、なにか別の場所で色を見つけたら、その色について触れてみてください。口紅でもネイルでも、ハンカチでもかまいません。アイロンのかかったハンカチを持っているということは、それだけで女性らしい人だなということがわかります。

外見は派手で女性らしい人に限ってハンカチを持っていない人が結構いたりするのでオンナは怖いです（笑）。

黙っていても信頼を勝ち取れるのはこの色!

ここで、選挙の話をしたいと思います。

この話はとても有名なのでご存知の方も多いかと思いますが、選挙に立候補し、自分をアピールする場合、多くの方が決まって赤を身につけます。

テレビでの選挙活動や討論会などでも、赤いネクタイを身につけ答弁している様子を目にしたことがあるでしょう。

なぜ、「赤」なのか。赤は、他のどの色よりも行動力や決断力を感じさせ、リーダーシップがあるように見せることができるからです。

選挙は、これからの国を引っ張っていくトップに立つ人を選ぶわけですから、優柔不断よりも、少々強引なくらいぐいぐい前を歩いてくれそうな人に、つい票を入れてしまうもの。

そのため、政治家が赤いネクタイを身につけるのは、色の心理学的には、とても理にかなっています。だいたい政治家になりたいという人は、自分が表に出ていくことに抵抗はありません。むしろ目立ちたがり屋です。

ですので、赤を身につけることで自分自身のモチベーションをUPさせ、さらには見る側も興奮させるというわけです。

ただし最近では、すっかり赤の効用が広まってしまったせいか、みんながみんな赤を身につける機会が増えてきました。紅一点なら効果はありますが、全員が赤を身につけている状態では、ただ暑苦しいだけであまり効果が期待できません。

色の効用があるからと、周囲を考えないで利用するのは要注意です。できるなら、ここぞ、というときのために大事にとっておいてもらえたらと思います。

さて、元総理・小泉純一郎氏がよくネクタイの色で上手にカラー戦略をしていらっしゃいました。カラー戦略の先駆けとでも言いましょうか。実に巧妙に色を操っていたのです。

先程も述べたように、やはり小泉氏も選挙の際には赤いネクタイを身につけていたのですが、当選が確実となった瞬間に、別の色にチェンジするのです。

別の色とは何色かおわかりですか？　そうです。真逆の「青」です。

青という色は赤と違い、慎重かつ冷静、さらには誠実で真面目といったメッセージを強く発信します。赤が少々慎重さに欠けるとしたら、青は慎重すぎるくらい、きちんとした印象を与えます。社会的なモラルやルールをしっかり守る、信頼の厚さをアピールする色です。

なので、赤でやる気を見せたあとは、青で冷静沈着なイメージを植えつけるわけです。赤のときは自分の思っていることを大いに語り、青になったら途端に黙る。そのギャップに誰もが驚きを隠せませんでした。

青には、黙っていても信頼させる力があるのです。黙っていながらも勝利を勝ち取りたいという場合には、最終的には青で勝負をかけるのがベストです。

最後のクロージングの段階で、赤で営業するのは、絶対に逆効果です。赤は適度に使うには最高の色ですが、最後に強いのは青というわけですね。

青というと、制服によく使われます。私も学生時代、制服は紺のセーラー服でした。紺という色は青を限りなく黒に近づけた色ですが、紺を着ていると、なぜか悪いことができないというか、悪いことをしたらいけない、ルールを守らなくては！と色に迫られているような気分にさせられるのです。

交番にいるお巡りさんの制服も青というか、紺ですよね（白バイの制服は青いですが）。青や紺を目の前にすると、なぜか人は黙ってしまうのです。なぜか従ってしまうのです。

青という色は、人の気持ちをクールダウンさせる作用があります。私たちは青を見ると、脳が刺激され、癒しのホルモンと言われるセロトニンが分泌されます。この物質が不足すると、不眠になったり、イライラしたり、落ち着かなかったりと精神的にも不安定になりやすくなります。

でも、青を見るだけでだいぶ楽になれるのです。疲れたときに空を見上げたり、海を眺めたりするだけでリラックスできる経験からもおわかりいただけるかと思います。秩序を守り、ストイックに仕事に取り組む姿を見せられると、人は身を委ねることができるのです。お巡りさんの姿を見るとなぜかホッとしてしまうのです。

そしてもうひとつ、特別な意味をなす制服があります。それは、白衣です。

白という色は清潔感があり、純粋無垢《むく》で実に潔白なイメージを発信します。私も職業柄、何色にでも染まれるようにと白をテーマカラーにしていますが、使い方には細心の注意を払っています。

なぜならば、白は一見するとどんなものでも受け入れるように見えますが、その一方で、自分の信念を貫き通すという強い力もあります。信念を持つ、一貫性のある強い意志を持つことは、仕事をする上でも大事なことです。ですので、白はテーマカラーに向いています。

ですが、完璧すぎる面もあるので、あまりに多用してしまうと、相手に必要以上に頑固なイメージを与えてしまうというわけです。

私はテーマカラーにしているからといって、洋服はいつでも白というようにはしません。小物や名刺など、小さなところに白をさりげなく使うようにしています。

一方、この白をいつでも身にまとい、過ごしている人がいます。そうです、お医者様です。正直、診察室の扉を開け、白衣を着ているドクターを見ると急に緊張してしまうこともありますが、医師のイメージは、感情に左右されない、ある意味では神のような存在です。

白衣を着た医師に突然、癌《がん》の宣告をされても、ああ、嘘ではないんだなと、つらいながらも信じざるを得ない状況になることでしょう。

私が白をテーマカラーに選んだのも、自分の仕事の軸を決してブレさせないためです。医師の言動が毎度毎度ブレていたら、私たちはなにを信じて生きていけばよいかわからなくなりますよね。

白という色はとても美しい色ですが、身につける以上、着る側も責任を持って行動してもらいたいと、そう思うのです。

ですので、よく白シャツを好んで制服のように着用されている方がいらっしゃいますが、中身が白の意味と合っていない場合、どんなに本人が誠実さをアピールしても、周りからはそうは受け取られません。潔白な白が中身の軽薄さをより強く表してしまうのです。

白のファッションが好きな方は、ぜひとも白という色に見合った行動をしてもらえたらと思います。色は無言で語りだしてしまうので、気をつけてくださいね。

お詫びをするときは

常にミスなく完璧でいられたら、それはそれでスマートで素敵ですが、なかなか思うようにはいかないのが仕事というものです。上司やクライアント先に謝罪しなくてはならない状況に置かれることも、きっとあることでしょう。

そんなとき、みなさんは自分のファッションを意識したことがありますか？　謝りにいくことばかりが優先され、身だしなみを気にしていない人は結構多いのではないでしょうか。

実は謝ることはもちろんですが、そのときの服装も同じくらい大切だったりします。なぜなら、服装次第で相手をより不愉快にさせてしまうことだってあるからです。

キャラクター入りの派手なネクタイで頭を下げられても、ちっとも誠意が感じられないことは想像がつくかと思います。

では、派手でなければなんでもいいのか？というと、ちっともよくありません。謝罪するときも色の使い方次第で、そのあとの相手の対応が大きく変わってきてしまいます。

なぜだと思いますか？　謝罪しているシーンを思い浮かべてみてください。相手に頭を下げている姿が目に浮かぶと思います。

頭を下げている姿を、相手はただじっと観察しているわけです。外の景色を見ているわけでもなく、ただただ謝っている人の立ち居振る舞いから服装までをじっと眺めているのです。

となれば、謝罪時のファッションはとても重要だということがわかります。相手に不愉快な思いをさせないようなファッションを心がけなくてはなりません。

では、不愉快な思いをさせないファッションとはどういったものでしょうか？服装としてはスーツでしょう。となると、気にしなくてはならないのはやはり色です。

詫びるときに効果のある色……。そう言うと、みなさん「黒」を思い浮かべるかもしれませんが、答えはノーです。黒はフォーマルなイメージもありますし、きちっとした席にはピッタリな色に思われますが、謝罪には適しません。場合によってはむしろ逆効果。相手を怒らせてしまうかもしれません。

では、どんな色がよいのでしょうか。

答えは、「グレー」です。グレーという色は、一見地味で寂しそうなイメージがある一方で、とても品のある落ち着いた印象も持っています。どこか粋《いき》な雰囲気も持ち併せているため、男女問わず人気のある色でもあります。

江戸時代に茶色とともに人気を博した色でもあり、ちょっとコジャレた不思議な色。そんな粋な色ではありますが、やはり黒と違って、少々おとなしい印象を与える色でもあります。

特に謝罪時に身につけると、どこか頼りなさそうな、弱そうな印象が強まり、より効果を発揮します。相手側は、あまりにも腰の低そうな謝罪相手に対し、「もう許してあげよう」と感じてしまうのです。

第四章

モチベーションはこの色で管理しろ

月曜の朝、テンションがあがらないときは…

朝起きたとき、週末の疲れがとれていないせいか、体が重くてダルかったり、もう少しだけ寝ていたい！なんて甘えが出てしまったりすることはありませんか。

朝は一日の中で最初に訪れる自分との闘いの時間。特に月曜の朝は、リセット後でスッキリしているようで、未解決の仕事上のトラブルや緊張する案件などを抱えていると、なかなかうまくスタートできない場合もあるでしょう。

ここで毎週やってくるブルーマンデーを解消する方法をお伝えしたいと思います。方法はいくつかありますが、前日から行う方法と、当日の朝に行う方法のふたつがあります。

では、前者から説明します。日曜日の夜は比較的穏やかに過ごすことを心得るのがポイントです。

イベントやら家族との団欒《だんらん》やらで、なかなかそうもいかない人もいらっしゃるかもしれませんが、月曜日が少々つらくなっているときは、意識的に日曜日の過ごし方を見直してみましょう。

休日の過ごし方はいろいろあるかと思います。ゴルフに行かれる方もいれば、ジムに行って汗をかくという方もいるでしょう。最近ブームになっている山登りをしたり、家でゴロゴロしながら映画鑑賞や読書にふけるといった方も多いのではないでしょうか。

体を動かす方は、ぜひその道具の色を意識してみてください。ユニフォームだったり、バッグだったり、色がついているところは山ほどあると思いますが、日曜日に限ってはあまり刺激的な色は避け、少し穏やかになれる色をまとうとよいように思います。

もちろん大事なコンペの場合には、勝利の赤や、プロっぽい黒など強くて男らしい色も素敵ですが、月曜日の朝を大切にしたいと考えている方は、日曜日だけを楽しむのではなく、日曜と月曜、両方を心地よく過ごせるように、気持ちを整えてみましょう。

では、刺激的な色でないとすると、どんな色を取り入れればよいのでしょうか。

リラックスしたり癒されたりすることを一番に考える場合には、やはり「緑」です。リビングの片隅に観葉植物を置いたり、コーヒーをやめて緑茶を飲んでみたり、夕食には緑がいっぱいの野菜メインの料理を食べてみたりと、緑に触れる時間を増やしてみてください。

ガムを噛まれる方は、いつもはブルーやその他いろいろな色のパッケージを選んでいたとしても、日曜の夜はキシリトールの緑をチョイスしてみる。タバコを吸われる方は、箱に緑が入ったものを選んでみる。アウトドアを楽しむ方は、緑色のTシャツを選んでみる……。

他にも、パッケージが緑のペットボトルのお茶にしてみたり、タオルを緑にしてみたりと、なにかしらに緑を取り入れ、元気でパワフルな状態から少しずつ明日の準備に入っていくようにしてみてください。

私も同じ方法をよくとります。執筆をしているときは特に緑の服を着ていることが多いです。あとは緑色を意識したカフェを利用します。日曜日にスターバックスが賑わうのも、よくわかります。

また、男性は香りにあまりこだわらないとは思いますが、寝る前に森林を思い起こさせるような緑の香りを部屋に充満させたり、枕元にそっと振りかけてあげるのもおすすめです。眠りにも入りやすいし、朝起きたときも頭がスッキリします。

続いては、当日の朝に行う解消法です。朝起きたときにやる気を出す方法。

これは前日の緑とは逆で、刺激を与えるのが一番早いです。ですので、見ているだけでポカポカしてくる暖色系の色がキーカラーとなります。

中でも効果が出やすいのは「赤」です。日曜はNGだった赤が、月曜の朝には大活躍してくれます。

赤は見ているだけで力が出てくる色で、スピード感や行動力をかき立ててくれる色でもあります。年がら年中、赤にまとわりつかれると疲れてしまいますが、こうやって意味のある使い方をする際には、色の力を発揮してくれます。

では、具体的にどんな使い方をすればよいのかをご説明します。決まって月曜の朝が苦手という人は、日曜の夜、寝る前に赤いスリッパをベッドの横に置いてください。

いつもはベージュやブラウンといった落ち着いた色を履いている人も、ブルーマンデー解消のために赤いスリッパを用意しておくのがおすすめです。

ただし、ただ履くだけでは効果が薄れますので、赤でがんばるぞ！　赤で今週も気合を入れるぞ！といった自分へのエールの言葉を投げかけ、意識を足元に持っていくことが大切です。

出かける直前まで赤と一緒に過ごすことで、下からポカポカと温かくなっていき、体温があがり、元気が出てきます。

また、コーヒーカップなどを赤にするのもおすすめです。朝はなにも食べないという人も、お茶くらいは飲んでいきましょう。

まっ赤なマグカップを用意し、毎朝それにコーヒーなり、紅茶なり、牛乳でもいいですね！　とにかく赤のマイカップで飲んでみてください。

これもスリッパと同じく、月曜だけと決めてもいいですし、月曜日に限らず朝が弱いという方は、赤いマグカップを愛用してもよいと思います。

パートナーがいらっしゃる場合には、赤い花を生けてもらうことをお願いしてみてはいかがでしょうか？　洗面所にさりげなく置かれた赤い花が、そっと背中を押してくれるものです。

逆に、朝にたっぷり時間がある方は、最初から赤で刺激を与えなくても、少しトーンを落としたオレンジをチョイスし、少しずつ体や頭を温めていき、電車に乗って、会社に着く頃に充電完了！という状態に持っていくのもアリです。

家でのコーヒーではなく、途中でタリーズコーヒーに寄って、オレンジの空間の中で精神統一をしていくのもよいでしょう。

もし、ここにも赤を取り入れたければ、パソコンカバーや携帯ケースを赤にしておくというのもいいですね。

オレンジの空間でコーヒーを飲みながら、赤から刺激をもらう。程よく刺激を与えつつ、準備態勢に入っていくという方法もおすすめします。

冷静になりたいとき

目の前に片付けなければならない仕事が山ほどあるとき、使える時間は限られていても、ついあれこれ盛り込みたくなる気持ちはすごくよくわかります。いいものをあげたい、いい成果を出したいあまりに、思いつく限りのことに手を広げてみたりして、最終的には気持ちだけが焦ってしまいます。

こういうときは、とにかく「冷静になりなさい」と自分に言い聞かせますよね？やることがたくさんあるときや、解決策が見つからずモヤモヤしているときこそ、いったん、頭をリセットする必要があります。

もちろんタイムリミットも気になりますが、そのまま片付けようとしてもこんな状態だったら、もはや無理です。

こういう症状に陥ったときは、思いきって仮眠をとってしまうのもいいと思います。三十分、いえ十分でもかまいません。混乱している頭を一度整理することが大切です。

こういうとき、スムーズに事を運んでくれる色があります。それは、「白」です。

なにも書かれていない、まっ白のキャンバスを思い出してみてください。誰も足を踏み入れていない、まっ白なゲレンデを思い出してみてください。

煮詰まってしまったときは、いろいろなことが頭の中でごった返しています。ごちゃごちゃしていて、まるで新宿歌舞伎町のネオンのようです。

そんなときは白いものを意識してみましょう。コップに牛乳を入れて、ぐびぐびっと飲むのもいいですね。出勤前なら、まっ白なワイシャツを選ぶのもよいと思います。勤務中なら、ランチにはそうめんやうどんなど、白い食べ物を意識して食べてみてください。ランチ後に歯を磨くことも大切です。歯を磨くということは、より白くしようとするわけですから、気持ちをリセットするときに、歯磨きはとてもよい行為というわけです。

気持ちのリセットは、生きているといろんな場面で必要になるものです。むしろ、リセットしないまま、だらだらと進んでいては、人生を半分つまらないものにしているようなもの。余計なごちゃごちゃは、できるだけ早くクリアするよう癖をつけてみてください。

気が進まない仕事が来たら、始める前にまずは白でリセット。嫌なのに無理にスタートしたときほど時間がかかるものはありません。

緊張して手が震えるとき

小さい頃、ピアノの発表会のときに手が震えたことがありました。ハンカチを握りしめて、なんとかスタートさせた記憶があります。

ハンカチの色はいつも白と決めていました。理由はよく覚えていませんが、当時はハンカチといえば白が定番だったのかもしれません。

でも、今だったら白は絶対に持たないでしょう。なぜなら、緊張しているときに白は逆効果だからです。

「白」は、緊張を高める色。つまり緊張して手が震えていた私は、白いハンカチを握りしめ、余計に緊張を高めていたというわけです。

前述した、医師の白衣がそうですね。白は、明るく清潔で、とても誠実な色をしていますが、時と場合によっては、人を必要以上に疲れさせる色なのです。

では、何色が緊張をほぐしてくれるのでしょうか。

答えを言う前に、みなさん、ここでちょっと〝こたつ〟を思い出してみてください。こたつの上に山盛りのみかんが置かれているとします。学校から帰宅したとき、仕事から戻ったとき、その山盛りのみかんを目にすると、ああ、わが家に帰ってきたとホッとしたことはありませんか？

本当はもっとオシャレなお菓子が食べたかったかもしれません。ですが、鮮やかでキレイなオレンジをしたみかんの存在は、どこか心を和ませてくれたのではないでしょうか。

緊張で張りつめていた状況から抜け、自宅に帰宅したときは、なんとも言えない解放感が得られるかと思います。もちろん自宅に問題があるとしたら、それはまた別の話ではありますが……。

「みかん色」、つまりオレンジこそが、緊張感を解いてくれる最強の色なのです。

緊張して手が震える癖がある人は、ハンカチをオレンジ系にしてみたり、最初の挨拶時に欠かせない名刺入れの色をオレンジにするのもよい方法です。

普段から飲み物はコーヒーという方は、一〇〇パーセントのオレンジジュースに切り替えてみてはいかがでしょうか？

ただし、プレゼン時、面接時といった緊張しがちなタイミングだけでなく、気づいたらいつも手が震えている、手に力が入らない、という症状がある場合には、自律神経になんらかの影響が出ている可能性がありますので、カラーセラピーを実践する前に病院に行くようにしてください。

ここ一番！の勝負で自分をがんばらせたいとき

これにはいろいろな考え方があります。プロとして堂々と勝負に出たい！というときなのか、焦らず冷静に取り組む色なのか、それとも緊張感なくリラックスした気持ちで穏やかにがんばりたいのか……。

さまざまなパターンがあると思いますので、いくつか代表の色をお伝えしたいと思います。

今日だけは失敗できない、なにがなんでも勝たなくては！というときは、やはり勝利の「赤」でしょう。政治家やスポーツ選手などが大事なときに身につける赤の、気持ちを奮い立たせるパワーはなんとなく想像できるかと思います。

吉本興業の千原ジュニアさんがいつも赤い下着を身につけているとテレビで聞いたことがあります。下着が赤というのもとてもよいことです。赤は体を温めてくれる効果もありますので、一番皮膚に近いところに身につけることで普段から少しずつエネルギーの補給ができ、いざというときも自然にパワーを出してくれます。

赤はちょっと……という方も、下着だったら見えませんので、ぜひおすすめします。

そして次の、ここぞ！という色は「青」です。やる気や勢いも大事ですが、それよりもまずは、これまでやってきたことを冷静に見直し、本番に備えるというスタンスです。

これが肌に合う人は、「青」または「紺」で挑みましょう。

青を選ぶ方は、赤とはまた違った自信に満ちた人です。決して派手ではありませんが、物事を冷静に、客観的に捉える力があり、周囲にも落ち着いた雰囲気を醸しだすことができます。男性的なイメージも強い青を上手に使うことで、信頼度がUPすることまちがいなしです。

また、赤や青といった極端な色ではなく、穏やかに取り組みたい！という場合には、赤に黄色の入った「オレンジ」または、青に黄色の入った「緑」がおすすめです。

「黄色」は、明るく元気になれる色の代表です。ただ黄色そのものを使うとなると、とても目立つ色なので周囲が気になってしまい、落ち着きません。ですので、おすすめは黄色の入った色を取り入れるという考え方です。

家族間のコミュニケーションがうまくいかないとき

たとえ長年、同じ屋根の下で暮らしている家族であっても、時にはぎくしゃくしてしまうこともありますよね。

特にパートナー（妻や恋人）とのコミュニケーションは、一度歯車が崩れると、なかなか元に戻すのは難しいものです。

なので日頃から、最悪の事態になる前に気をつけたいところですが、こればっかりは予測ができません。誰もが憧れるおしどり夫婦でさえも、ちょっとしたことが原因でこじれてしまうことも……。

大切なのは、一日一回、朝の二十分だけは食卓をともにする、互いに忙しい恋人同士なら三日に一回はどちらかが連絡を入れる、月に一回はふたりで外食する、といったように、パートナーとの間で取り決めをしておくことです。

難しい内容にする必要はありません。むしろ、関係をよい状態に保つには、できるだけシンプルで互いに負担がかからないものがベストです。

毎日〝今から帰るコール〟をするというのも、新婚時はよいものですが、次第に苦痛になってきて、気づいたら小さな嘘をつくようになってしまうかもしれません。だったら最初からできるレベルにした方がよいでしょう。そうすることで、百点ではないかもしれませんが、五十点はキープできます。

年齢を重ねれば重ねるほど互いに生きてきた時間も、一緒に過ごしてきた時間も増えていきます。何事もそうですが、増えれば増えるほど処理できなくなるものです。

であれば、常に把握するためには〝できるだけシンプルに〟が一番。シンプル＝手を抜く、ではありません。

むしろ、シンプルほど難しいものはありません。洋服でもそうです。シンプルな服は無難だから選びやすいと捉える方が多いですが、これはむしろ逆です。シンプルなものこそ素材の良し悪しが目立ってしまいますので、シンプルなものをよりカッコよく素敵に着こなすには、着る本人が体づくりに磨きをかけていることが必要です。

文字もそうですよね。キャッチコピーなどは短ければ短いほど記憶には残りますが、少ない文字数で読み手に意図を正確に伝えるには、センスが不可欠です。

相手に気持ちを伝えたいからと、ただ長く書いても相手を疲れさせてしまうだけ。かといって短すぎても、それはそれで適当だと思われてしまう恐れもあります。

外見も文字も言葉も、コミュニケーションをはかるには大切な要素です。「親しき仲にも礼儀あり」という言葉があるように、つい許してくれる、きっと理解してくれると思っている相手にこそ、コミュニケーションは実はもっとも大切なのです。

このシンプルながら絆《きずな》のあるコミュニケーションを取るためには、実は「色」が大きな役割を果たしてくれます。

近くにいればいるほど、長く一緒にいればいるほど、言いにくくなることもあります。照れくさくてうまく伝えられないなんてこともあるでしょう。

こういうときに役立つ色。それは、「オレンジ」です。

シンプルすぎず、複雑すぎず、どこか家庭的で、温かみのあるオレンジは、言葉や文字と一緒に使えば、伝えたいことがよりわかりやすく伝わっていきます。

ぜひとも自宅のリビングには、オレンジのクッションやソファ、ラグマット、カーテンなどを置いてください。

インテリアの一部をチェンジしてもよいですし、まずは一輪のオレンジの花を生けることからでもいいと思います。

面積は小さくても、まずはどこかしらにオレンジを置いてみましょう。できるだけ目に入りやすいものや場所を選んでみてください。

これまでうまくコミュニケーションを取れなかったパートナーとも、オレンジのパワーでじわじわと距離感が縮まってくるはずです。会話が続かないという人は、会話が弾むようになってきます。

リビングにオレンジや黄色といった暖色系があれば、少しの時間でもゆったりとした感覚を味わうことができます。家族が集まる空間を、少しずつ家族が仲良く過ごせる場所へと変化させていきたいものですね。

新しい色や組み合わせにチャレンジする

なぜか男性に愛されている色があります。平日のビジネススタイルはもちろん休日のカジュアルスタイルまで、気づけばパジャマや下着までも二十四時間三百六十五日、頼りきっている色があります。この色なら無難、この色ならまちがいないというセーフティーカラー……「紺色」です。

みなさんはどうでしょう。四六時中ということはなくても、クローゼットの中の六、七割を紺が占めているという方も多いのではないでしょうか。そもそも紺色はジーンズ（デニム）の色であり、日本の伝統的な織物の色でもあり、青絵といった古くからある食器の色であったりと、色自体に奥行きのある歴史ある色です。老若男女問わず、どの世代にもしっくり馴染み、決して褪せない色と言えます。

知性を感じさせ、品があり、誠実であり、物事を冷静かつ慎重に捉える力を備えていて、さらにはピンクや黄色といった明るい色とも合いますし、グレーやカーキといった落ち着いた色とも相性バッチリ！　こうしたマルチな才能を備えた万能カラーだけあって、私たちはついつい頼ってしまうというわけです。

そんな愛される紺色ですが、確かに、休日はいつも紺、会社でも紺あるいは紺系のコーディネートといった具合だと、自他ともに悪い印象は与えません。気持ちも落ち着きます。ですが一方で、冒険心はまるでゼロ。見方を変えれば、おもしろみのない無難な人という印象に映ってしまいます。

リラックスしたい休日に、なにも考えずに愛される色を選ぶことほど簡単で、ありがたいことはありません。でも、紺を手に取りかけたとき、ちょっと立ち止まってみてください。

実は、色の組み合わせを考えたり色自体を選んだりすることは、年齢があがればあがるほど欠かせない作業なのです。人は歳を重ねるごとに知恵がつき、面倒なことを避け、できるだけ楽をしようとしがちです。

これは、色に対する捉え方も同じ。マネキンが着ているものを上から下までそっくり買い、いつもマネキンコーデしかしない（できない）という人がよい例です。手持ちのアイテムを活用すれば他のコーディネートもできるものを、そもそも手持ちをチェックすることさえせず、次から次へと新しいものを手に入れては、考えずにそのまま着てしまう……。

そんな状態では、どんなにいいものを着ていても、見ている側としては、悪くはないけどこれといってよいとも言えない人、無難な人という印象を持ってしまいます。

ピーマンといえば青椒肉絲。ゴーヤといえばゴーヤチャンプルーといったように、いつも定番の料理しかしなかったり、いつも同じ材料としか組み合わせようとしなかったり……。こうした生活ばかりしていると、五感はどんどん鈍くなっていきます。

たとえ不安であっても、この色とこの色は合うだろうか、この食材とこの食材は相性がよいだろうかといった具合に、定番に満足するのではなく、まだ誰も足を踏み入れたことのない未開拓の組み合わせを生み出してみようと〝考える〟習慣をつけるとよいでしょう。

ちなみに、冷蔵庫にある残り物で料理のレパートリーを考えるという作業を日頃から行っていると、色合わせのアレンジもしやすくなってきます。なぜなら、料理は食感や味覚、香りだけでなく見栄えの色も考える必要があるからです。

どんなにおいしくても見栄えが悪いと一気にイメージダウン。味覚だけでなく料理は視覚でも〝食べ〟ているので、盛りつけ次第でおいしいとも思えなくなってしまうのです。

料理でひそかに練習するのと同時に、実際のビジネスシーンでも新しい色への挑戦を随時行ってもらえたらと思います。手っとり早く行えて効果を実感できるのは、ネクタイの色です。いつも同じような色ばかり選んでいるという人は、ぜひ、あえて反対の色味にチャレンジしてみてください。

紺や青が多い人は赤やオレンジといった暖色系に、ボルドーやシルバーなど落ち着いた色の多い人はピンクや水色のような柔らかい色味を選んでみましょう。きっと、いつもと違う気持ちになれると思いますよ。

ネクタイはつけないという方は、ワイシャツの色を変えてもいいですね。いつも白という人は、水色やピンク、パステルイエローといったふうに、濃い色ではなく薄い色から取り入れてみるのもよいと思います。

服には抵抗があるという人は、手帳や文房具など小物に取り入れてみましょう。思いきって、いつもなら絶対に手を出さない色に挑戦してみるといいですよ！　特に文房具は身につけるわけではありませんから、洋服よりも大胆な色にチャレンジしてもよいと思います。

小物でも勇気が出ない……という方は、プレゼン資料の色を変えてみるのはどうでしょう。社外プレゼンは勇気がいるようなら、まずは社内プレゼンの資料からでもかまいません。とにかく、いつも使っている色とは違う色を使うことを心がけてみてください。

ちなみに、頭を使わなくなると脳が衰えるとも言われています。組み合わせを考えたり、洋服ダンスの中を思い出したりする作業というのは、若返りの方法のひとつでもあるのです。無難な色に安心していては、あっという間に重力に負けたダラシないスタイルになってしまいますのでご注意を！　ぜひ、いつまでもカッコイイ大人でいてくださいね。

第五章

チーム運営を上手にするカラーマネジメント

自分は何色かを知る

ジャニーズの嵐でも、ももクロでも、ちょっと人数が多いけれどＡＫＢでもチームというのは必ず存在します。

これはアイドルグループに限ったことではありません。みなさんの会社でも同じことが言えます。しっかりしているチームが多い会社は事業も安定していると言っても過言ではないくらいです。

事業ごとだったり、プロジェクトごとだったり、その都度いろいろなチームができて取り組んでいくかと思いますが、チームを組む際、みなさんはどんなことに気をつけているでしょうか？　特に、リーダーをどういった形で決めているでしょうか。リーダーと言えば意見を言う人だと思われるかもしれませんが、もし全員が意見をハッキリと言う人の集まりだったらどうなるでしょう。

以前、ひょんなことから経営者の集まりで運営委員をしたことがあるのですが、それはそれはおもしろい集まりでした。

なにがおもしろいって、全員がリーダーだからです。多少、性格の違いはあっても、基本的には会社を自分でつくって経営している方々ですから、当然、自分の意見もしっかり持っています。

何時間話しあっても一向に決まらない、なんてこともよくありました。個々が魅力的ですばらしいからこそ、誰がよいとか、意見をひとつに絞るというのが難しいときもありました。もちろん、全員が同じ意見ですんなり決まることもありましたが……。

そこで、メンバーのひとりと話し合い、役割をあえて色分けしてみることにしたのです。

チームメンバーを、この人は赤、この人は緑、この人は黄色と設定して、必要なときは●色の人は意見を言う、ここでは●色の人はあえて意見を言わないなど、チーム全体にバランスよく色＝役割が散らばるようにグループ化していったのです。

ちなみに、そのとき仲間と決めた私の色は、私がもっとも苦手とするモモレンジャーのピンクでした（笑）。

繰り返すうちにメンバーとの仲も除々に深まっていきます。最初は私みたいなのがこのチームに入って役に立てるのかとひそかに悩んでいたのですが、とてもよい経験になったと今では誘ってくれた仲間に感謝しています。

ただし、このお陰で私に限っていえば、周囲の人にかなり誤解されてしまったのも事実です。ほとんど面識のないメンバーだったので、このとき決めた自分の色が私の色だと、周りに印象づいてしまいました。その後、参加者とふたりで会ったり、少人数で飲んだりすると、「え？　七江ちゃんって、そういうキャラ？」と驚かれます。

あのときチームメンバーの色を一緒に決めた友人は、今でも私をピンクのキャラ設定にしたがるので、「もうやめなさい！」と冗談で話すのですが、これが不思議なもので、長年ピンクキャラを演じていたこともあり、以前よりもピンクが好きになりました。

さて、話を戻しますが、この一例からなにか気づいたことはあったでしょうか。

実は、リーダーが誰であろうと最初はどうでもよいのです。大切なのは、チームの誰かひとりでもポジショニングの色分け法にチャレンジしてみよう！と気づけるかどうか、なのです。

先程お話ししたチームは、リーダーシップを取ろうとするタイプの人が大勢いました。当然、意見も出ます。むしろ、まとめる方が難しいくらいです。

ですが、必ずしも同じパターンになるとは限りません。むしろ企業にお勤めの方は、逆のパターンが多いのではないでしょうか。つまり、意見があまり出ない、という状況です。

より正確に言うなら、意見は持っているものの、周りの顔色を気にしすぎて自分の意見を抑えてしまう。誰かが言うのを待ってしまう。もし自分の言った意見が他と違ったらと思うと萎縮《いしゅく》して言えなくなってしまう……などなど、発言しない理由はさまざまです。

企業研修などでお話しする際も、私から質問を投げかけると、誰かが言うまで誰も口を開かないという光景をよく目にします。

チームを上手にまとめていくには、意見がまとまらないのも、意見がまったく出ないのも、誰かの意見に頼りっきりになるのも、どれもNGです。

そこでおすすめしたいのが、チーム内をゴレンジャーのように分けてみる方法です。

戦隊ヒーローのキャラクターは色分けされていますよね？　ジャニーズの嵐も、ももクロも色分けされています。この色分けの色については選別法もあります。たとえば次のようなのはどうでしょう。

赤：積極的に発言し、無言でも惹きつけるカリスマ性の強い人
青：冷静に物事を判断し、最終的に意見をまとめる陰のリーダー
黄：チームのムードメーカー。アイディアを出すのに長けていて、場を明るくしてくれる
緑：特にこれという意見はないものの、中立の立場を保つ、なくてはならないバランサー
ピンクまたはオレンジ：いるだけで場に花を咲かせる和ませ役。ピンクであれば、より母性を醸しだし、全員を温かく見守る存在。オレンジであれば、決して華はなくても、どこかホッとできる家庭的なお袋的存在

チームが何名体制かにもよりますが、十名いれば、それぞれ二名ずつに振り分けてみてください。

もし中途半端な数の場合には、赤タイプの人がどれほどのカリスマ性があるのかによります。もし赤には少々足りないと思う場合には、赤のポジションに二名置くのもいいですね。

また、チーム運営の場合には、青の人が最大の決定権がある存在です。この人しか適任はいない！という方を選び抜いて、置いてみましょう。

緑や黄色も同じように考えますが、最後に重要なのがピンク＆オレンジのポジションです。一見いなくてもいいように感じますが、実は最終的にとても重要な役になります。特に、チームを継続させるためには、欠かせない役割。解散したあとも、引き続き顔を合わせることができるかどうかは、ピンクやオレンジの人の存在にかかっているといっても過言ではありません。とても重要なポジションです。

今、この文章を読んだ人が、チームの色分けの陰のリーダーです。自ら青に徹してもいいですし、自分よりも適任者がいればその人に声をかけ、このようにやらないか？と話してみるのもよいでしょう。

ひとつ覚えておきたいのは、チームをまとめるには、青の冷静さ、客観視できる力が必要だということです。たとえ赤の人であっても、ピンクの人であっても、自分がまとめ役になるには、まずは自らが青になろうという意識が必要になります。

チーム内での自分の色を知ることは、どれだけ協調性があり、どれだけリーダーシップがあるかなどを知ることができ、さらにはどこが苦手で、どこを強化したらよいかなども見えてきます。それによって自分らしい色のポジションにつくこともあれば、逆に赤の人があえて青になる、といった状況もありえるということです。

さて、ここからがスタートです。みなさんのチーム体制はどんなふうに色分けできますか？

会社（自社）の色を知る

ところでみなさんは、勤め先のコーポレートカラーをご存知ですか？　どんな形で、どんな色がどこにあしらわれているか、きちんと把握できているでしょうか。

以前、ある大手企業にお勤めの方々と名刺交換をしたときのことです。いただいた名刺には三色の明るい色でつくられたロゴマークが記載されていました。

色屋の私としては、当然そのマークの色が気になります。なぜその色なのか、なぜその三色なのか。会話の流れから、その方に聞いてみました。

「御社のマーク、なぜこの色なんですか？」と。

すると、

「え？　色？　ああ、うちの会社のロゴってこんな色をしていたんだ。初めて知った」

と、ひと言。もうひとりの方も、

「本当だ。いちいち色なんて見てなかったよな」

と言ったのです。私はがっくりしてしまいました。一流大学を出て一流企業にお勤めの優秀な方であっても、自分が勤めている会社のロゴの形や色を知らないとは、本当に驚きでした。その方々とその後、お付き合いすることはありませんでした。

さて、みなさんは私のこの経験談を読み終え、しまった！と思われたか、もしくはそれはまずいよな～と思われたか、どちらだったでしょうか。名刺の色、ロゴの色、しっかり頭に入っていますか？

昨今では、仕事以外にもちょっとした異業種交流会などに参加すれば、いろいろな職種の方々と面識を持つことができるようになりました。

もちろん自ら積極的に参加しなくてはなりませんが、自営業の方だけでなく、企業にお勤めの方も参加されているのを目にします。

そんなとき、自分の第二の顔となるのが名刺です。特にお勤めの方は、その会社の看板を背負っているようなものです。

この書籍を読むまでろくに自社のコーポレートカラーを見たことがなかったという方は、今すぐ社内報で調べるなり、総務に問い合わせるなり、ロゴの歴史を調べてみてください。

もし、創業者の社長と直接話せる機会があるという方は、ぜひとも直接想いをうかがってみるとよいでしょう。きっと、会社の成長を願った社長の強い想いが会社の色に込められていることがわかるでしょう。

また、自分で会社をつくった方（もしくは、これから独立される方）も同じです。自分の会社なので、おそらく自分で考えて決めている方が多いと思いますが、完全にデザイナー任せという方も少なくありません。

知り合いにも実際、こんな方がいました。

「素敵なロゴですね！　いい色だし、形も素敵です。どんな意味を持っているのですか？」

と尋ねると、前述の方と同じで、

「あ、それはデザイナーさんが考えてくれた色で、僕はタッチしていません」

とさらり。たとえ考えたのはデザイナーであっても、なぜその色にしたかなどの理由は、あとからいくらでも聞けるはずです。デザイナーだって、なんとなく決めているはずはないのですから（もしなんとなく決めていたとしたら、大問題です！）。

大事なのは、誰が考えたかよりも、最終的にどうしてその色になったかということです。ＣＩがある以上、お勤めの方であろうと社長であろうと、自分の会社の色を知っておくべきだということを忘れてはいけません。

また、名刺交換をした際に、胸を張って自社のコーポレートカラーの説明ができるくらいになれたら素敵です。初対面での会話がどうも苦手という人も、自社の色の話を知っていれば、それだけで会話が弾みますよ！

チーム全体の色を知る

会社全体の色がわかり、自分の色も見えてきたとき、いよいよ最終的に見直さなくてはならないのが、チーム全体の色です。

言葉を換えて言うなら、チームのテーマカラーのようなもの。リレーでいうなら襷《たすき》の色のようなものです。

自分が所属している部署のカラーは、いったい、どんな色をしているのでしょうか。

ここで団体スポーツを思い浮かべてみてください。5名以上で体制を組んでいる場合、たいてい、そのチームの「色」というのがあるかと思います。

ここでの「色」というのは一種のイメージカラーという意味です。そのチームが持つ雰囲気を色で表したものとも言い換えられます。

学生の頃、体育の授業でチーム分けをする際、赤組、白組といったように、色で分けていたという方も多いのではないでしょうか。

個々の色ももちろん大切ですが、個々の色がひとつに集結し束ねられている状態のチームカラーはまったくの別物であり、個々同様、大切な色になります。

チームの色が周囲にどういった印象を与えているかを把握することも大事ですが、同時に、どういった色に見せていくかを考えることも戦略として必要になってきます。

ただ、より戦略的に色を決めていくには、周囲が理解しやすいようにヒントをつけてあげることも大切です。その大きなヒントとなるのが言葉です。言葉とは、キャッチコピーだったり、信念だったりですね。

たとえば、抹茶を使ったお菓子をつくる商品開発チームだとします。キャッチコピーは、「厳選された高級な茶葉だけを使ってつくっています」。

この場合、チームの色はどのように決めるとよいのでしょうか。シンプルに、抹茶の色をそのままチームカラーにするというのもひとつの案だと思いますし、〝高級〟

という言葉をイメージしやすい色を前面に出してもよいでしょう。

または、このクッキーは小麦粉ではなく大豆でつくったというところがもうひとつの売りであれば、大豆の色をメインにしてもよいでしょう。〝厳選された〟という重みのある言葉からイメージできる信頼性の高い、誠実な色味にするのもいいですよね。

こんなふうに、自分が所属するチーム全体の色をつくっていくことでも、チームがまとまりやすくなるだけでなく、周りにもひとつの色に見せていくことができるというわけです。その際に同じ色のファイルを持つとか、同じ色のペンを使うなど、見てすぐわかる文房具などに色を取り入れると、より効果が期待できます。

意見をきちんと言える部下に育てる色使い

ある程度のポジションにつくと、部下を教育しなくてはなりません。中でも難しいのが、意見をハッキリ言わない部下への対応です。

口に出さないからなにを考えているかさっぱりわからないが、仕事上ほっとくわけにもいかないし……と頭を抱えている方も多いのではないでしょうか。

思っていることを口にして、相手に考えを伝える作業って、とても基本的なことなのになぜかできない人が増えているように感じます。これもFacebookのメッセンジャーやLINEなどといったSNSの普及の影響でしょうか。

電話しかなかった時代から、メール機能ができ、今では会わなくてもリアルタイムで話ができるようになりました。意識しないと、どんどんコミュニケーション下手な人が増えていきます。

ただ、部下を育てる色を知る前に、上司であるみなさんの色使いを見直す必要があります。相手を非難する前に、自分の色使いに気を配る、これが最初の一歩です。

「部下が意見をハッキリ言わなくて困ってるんだよ。なにか、〝色〟を使ったいい方法ってないのかな？」

こうした相談は本当に多いです。みんな困ってるんだなと思うわけですが、こういう愚痴を言っている人に限って、自分自身の色使いにはまったく無頓着。

色どころか、てろてろのワイシャツにスーツ、くたびれたベルトと、まったくもって部下に指摘する権利はないだろうという方が目立ちます（もちろん、みんながみんなそうとは限りませんが）。

少なくとも、自分より偉い立場の人に意見を言うというのは、家族でさえも気を遣うわけですから、赤の他人となれば、よっぽど仲がよくなければ難しいに決まっています。

仕事の上司となればなおさら、緊張するのが普通の心理です。

となれば、まず指示する側がすべきこと。それはみなさん自身が自らお手本になることです。部下が自然と動きたくなるような指針をつくってあげることです。そして、できる限り緊張をほぐしてあげられるような服装を心がけることです。

常に白黒のイメージでビシッとしていると、正直相談したいことがあっても話せません。濃紺一色！といった堅いイメージも、尊敬できる先輩像としては素敵ですが、気軽に話ができるか？という点では微妙です。

きちんとしてはいるけれど、どこか意見も言いやすい。言いやすいというより、言わせてくれる。そんな空気感をつくってあげることが大切なのです。

「言いやすい＝なめられている」ということではありません。もし、部下が上司に甘えてくるような態度をとったのであれば、また違うところで、うまく伝えられていないのかもしれません。ですが、ここで述べた「言いやすい状況をつくる」というのは、また違う話です。

いい雰囲気をつくってあげるという言い方をすると、わかりやすいでしょうか。上司である側の人間が、真剣に話を聞いてあげる雰囲気を出すこと。しかも、そこには適度な緊張感はあっても、あまりガチガチな感じはないこと。

仕事の目的をきちんと示し、これをやることでこんなメリットがありますよ！という伝え方を心がけてみてください。まちがっても「●●しなさい」ではなく、「こんないいことがあるから、やろうね！」といった伝え方がベストです。

ちなみに、相手に考えを伝える作業ができていないのは、会社内に限ったことではありません。もし今、自分の家庭でパートナーに思っていることを伝えられていないというのであれば、部下や同僚と話すときと同じように、自身の身なりを整え、きちんとした状態で話をするといいでしょう。

出会った頃の気持ちを思い出して、もし出会った日から十キロ以上太って見栄えも悪くなっている！なんていう方がいたら、ぜひともこれを機に、運動と食事に気をつけて、ダイエットをしてもよいかもしれませんね。

相手にモノを言う前に、自分自身の内面はもちろん、外見も見直すことが、時にはとても大切なのです。

好感度の高い色合わせ

ここまでで、上司と部下との間につくるべき空気感がどういった具合かは、だいたいおわかりいただけたかと思います。ここからは具体的な色使いについて触れてみたいと思います。さて、どんな服装なら、どんな色なら、〝言いやすい状況〟を生み出すことができるのでしょうか。

ここで参考にしたいよい例があります。それは〝ふなっしー〟です。あの人気ご当地キャラの彼（？）です。ふなっしーのなにが参考になるかというと、あの「黄色」

と「水色」という色の組み合わせです。実はこの二色は、人の心を掴むのに最強の組み合わせなのです。

黄色は子供たちに寄り添いやすい一方で幼稚さを無言のうちにイメージさせますが、元気で明るいイメージを表現するのにはピッタリなのです。よく〝甲高い声〟のことを〝黄色い声〟と表現しますが、甲高い声を持っている子供たちからすると、ふなっしーは見ているだけでウキウキして心が躍る存在なのです。

そして水色。水色は、青に白を加えた色。青のようにクールすぎず、赤のように攻撃的な強いイメージも持ちあわせません。どちらかというと大人の色というよりは黄色同様、〝子供のための青〟と言ってもよいかもしれません。これは、幼い女の子にピンクが人気なのとよく似ています。

赤だと刺激が強いため、赤に白を入れることで柔らかくなるピンクは、まだ刺激を好まない無垢で純粋な子供たちに、より好まれるのです。余談ではありますが、大人になるとピンクより赤を好む人も出てきます。これはピンクでは刺激が足りないからです。いろいろな経験をしてきた人こそ赤を求める傾向があります。そうはいってもピンクがほしくなる瞬間もあるのが女性のおもしろいところです。ピンクは子宮の色とも言われ、ホルモンバランスの影響で、急に刺激に疲れ、優しさに包まれたくなるときがあるからです。

さらに、ふなっしーのよさは他にもあります。あの独特な声です。あのなんとも言えない甲高い声と、黄色という明るい色とがうまくリンクしあっているため、ふなっしーへの親近感はより高まるのです。もし中に入っている人が低い声だったら、ふなっしーは今頃、消えていたかもしれません。色と音。洋服と声。ふなっしーは、これらをうまく調和させ、私たちの日常にいつの間にか違和感なく入り込むことに成功したのです。

さて、本題に戻ります。

ピンクを好む人と同様に、黄色と水色の組み合わせを好む人というのは、どこか幼い部分があるということがわかったかと思います。ふなっしーファンは、たとえ立派な大人だとしても、実はとても甘えん坊で、幼い一面を残している可能性があります。ですが、この黄色と水色の組み合わせは、非常に好感度の高い組み合わせであることにまちがいありません。

広くて大きな青い空に、太陽の光。赤と青のように、男のイメージ、女のイメージといったようなハッキリとした区別はなく、むしろユニセックスな雰囲気が感じられるからこそ、老若男女から愛されるというわけです。

ちなみに、この黄色と青の組み合わせはスウェーデンの国旗にもあり、日本では見かけそうで見かけなかった配色と言えます。ですが、この二色は、日本人にも国民的な色合わせとして、私たちに癒しを与えてくれるのです。

たとえば、海とヒマワリ。少々夏っぽさを感じさせますが、この組み合わせはお互いの色をうまく引き立てています。それもそのはず。この二色は補色の組み合わせで、相手の色を引き立てるソウルカラーなのです。ありそうで意外となかったので、ふなっしーは日本人にとっては新鮮に映ったのでしょう。今ではすっかり服のコーディネートや、女性ならネイルカラーなどでも普通に使う組み合わせになっています。

ここまで黄色と水色の組み合わせについてお話ししましたが、他にも相性のよい組み合わせはいくつもあります。法政大学のスクールカラー、「オレンジ＋紺」は非常にバランスが取れています。この配色はプーマやアディダス、ナイキといったスポーツメーカーの製品でも非常によく目にします。

他にも、緑とピンクといった組み合わせも心地よく、最近ではよく見かけるようになりました。この二色の配色は緑の安心さとピンクの母性をイメージさせ、特に介護関連の企業や医療関係に多く見られます。

色は、どの色もそれぞれさまざまな意味を持っていて、マイナスに受け取ることもあればプラスに感じることもあります。ですが、こうして別の色と組み合わせることで、新しい意味が生まれてくるのです。一色では表現できなかったものを二色三色と増やすことで、伝えたかったメッセージも伝えることができるというわけです。

ふなっしーの次に現れる人気ご当地キャラはどんな色なのか、楽しみですね。

さりげない自己アピールも「色」でする

チームとはいえ、自分は自分です。仲間と一緒でなければ動けないのでは、仕事になりません。もちろん、他のメンバーの存在なしでは進まないプロジェクトもたくさんあると思いますが、たとえそうであっても基本は自分との闘い。チーム内でも、自分をよく知ってもらわなくてはならないことも出てくるでしょう。

そんなとき、色はとっても便利です。たとえば今日のミーティングで意見を言おう！と決めている場合には、積極性が強く伝わる「赤」を身につけるとよいでしょう。ネクタイの柄の一部に入っていたり、まっ赤なノートをドサッと仲間の前で机に置いて視線を集めてもいいのです。赤という色は、たとえ面積が小さくても、周囲に確実に影響を与えます。普段、黒の無難なメモ帳を使っていた人が、いきなりまっ赤な表紙のノートを出してきたら、気になって仕方がなくなるものです。

こうして周囲に「なぜ、この人は赤を持ってきているのか？」と思わせてから、言いたかった意見を言えば、情熱を感じ、さらには話した内容への関心もじわじわと高まっていきます。

意見をする、しないという以外にも、自分をさりげなくアピールする際に、色は役立ちます。

もともと性格的におとなしく、あまり周囲とうまく話ができないというタイプの人であれば、それこそ色でアピールするのは最高の方法です。

自分のテーマカラーを決め、その色を常に身につけることをおすすめします。こうすることで周囲の人に無意識に「●●さんって、何色って感じだよね！」というカラーイメージを植えつけることができます。

自分がなにかする上で特別に色を取り入れる方法もあれば、普段から少しずつ色を取り入れていく方法もありますので、自分に合ったやり方で自己アピールをしてみてはいかがでしょうか。

部下の能力を高めるカラー

部下に限らず、自分以外の相手の能力をＵＰさせたいと思ったとき、有効な色があったら便利ですよね。おそらくみなさんはこのタイトルを見て部下につけさせる色が何色かを考えたかと思いますが、実は相手の力をＵＰさせるには、こちら側の色を見直す必要があるのです（特別付録を参照）。

何度言っても変わらない部下にあれこれ言いたくなる気持ちもわかります。仕事は早いけれどコミュニケーションがまったく取れない、やりづらい部下に手を焼くのもわかります。

ですが、部下の能力を高めたい！　高まってほしい！と願う場合には、上司であるみなさんから変わっていくことがスタートなのです。部下からの信頼も厚く、マネジメント能力も長けているみなさんだからこそできるカラーマネジメントを、ぜひ実践してもらいたいのです。

みなさんもお察しのとおり、なんらかの理由で能力が落ちている人の場合、あれもこれも器用にこなすことが以前よりもできなくなっています。

もちろん専門ジャンルの仕事をするなら、あるひとつの得意分野を最高の状態で発揮できればそれでよいわけですから、判断の基準が少し異なってくるかとは思いますが、基本、内勤であろうと営業であろうと仕事に対する姿勢というのは変わりません。

社内に憧れの人がいたら、その人にできる限り近づこうと、がんばるものです。憧れと言える人がいない場合は、自分が憧れるような存在になろうと必死に磨きをかけトップに這い上がる人もいるでしょう。いる、いない、どちらにせよ、部下がいる方は常に見られていることをもっと意識しなくてはなりません。

最強のチームをつくる配色のポイント

自分で人材を選べればそれがベストですが、なかなかそうはいかないものです。では、既にメンバーが決まっている場合などはどうしたらよいのでしょうか。どんなメンバーであっても、最強のチームをつくれたらいいですよね。

同じような雰囲気で、同じような色合いのメンバーが集まった仲良しこよしのチームができたら一見よさそうですが、それはプライベートのときの話。仕事となると、また別です。

「プライベートでは絶対遊びたくないけれど、一緒に仕事はしてみたいかも！」

こういう感覚ってあると思います。この感覚は色で例えるなら、「赤」と「青」の関係性。情熱的な人と冷静沈着な人とがタッグを組むという考え方です。

最初はうまくまとまらないかもしれませんが、それぞれの長所を互いに尊敬し認めあうことができた暁には、最強の配色になります。タレントとマネージャーの関係ともちょっぴり似ています。

他には、「ピンク」と「緑」の関係です。この場合は、ピンクが主役になります。緑は陰のサポート役です。ピンクが輝くために、緑は後ろでしっかり支える森林のような存在。

緑は決して目立つことはないですが、ピンクだけでは物足りない。緑がいるからこそ、ピンクが華やぐのです。歌手生活の長いDREAMS COME TRUEのおふたりは、この雰囲気を持っています。

リスクヘッジは色でする!

みなさんは日頃からリスクヘッジの意識を持っていますか？ リスクは、なければないで平和ですよね。その一方で、リスクがないと人は甘えてしまいます。

仕事だけでなく、恋愛もそうですよね？　お気に入りの女性を口説こうとして、話しかけただけで相手が自分を好きになってくれたら、こんな楽なことはありません。中には誰でも振り向かせてしまう人気者もいるでしょうが、長続きしなくては意味がありません。

もちろん、本人が短い人間関係を望んでいるのであればまた別の話ですが、願っていないのに結果がそうなってしまっている人は、早めに今の状況から脱出しなくてはなりません。

そのことをさりげなく教えてくれる人がそばにいれば、まだあなたも捨てたものではありません。ですが、いつもの癖で、また時間の経過とともに相手をないがしろにしてしまう人は、気づいたときには手遅れ。自分を叱ってくれる人も、励ましてくれる人も、いなくなってしまいます。

通常は、なんらかの壁にぶち当たりながら関係を深めていくのが人と人というものです。山あり谷ありでも、試行錯誤しながら時間をかけて良好な人間関係を築きあげたときには、その相手への思い入れは深くなり、大切に思う気持ちも一段と増してくることでしょう。

簡単に手に入れるより、時間をかけて手に入れたときの感動の方が、人間関係に限らず大きいかと思います。なんでも手に入ってしまうと、人は感動もありがたみもなくなってしまいますが、お金をコツコツ貯めて買った物には愛着があり、大切にするのではないでしょうか。

もし今、ありがたみや感謝という気持ちを心から感じることがないという人は、本当に大切な人や物を、知らず知らずのうちに落としてしまっている可能性があります。

お金さえあれば手に入る。外見さえ磨いておけば人は寄ってくる。最初のうちだけうまく付き合えば、あとはないがしろにしてもOK……。

誰もが自分を理解してくれると勘違いしたり、自分を理解してくれる人とだけ付き合おうとしている人は、色を通して、よく考えてみてください。

恋愛だけでなく、仕事での人間関係も同じです。自分の信念を他の人に理解してもらえないなら知らない！なんていう人は、仕事も長続きしませんよね。もし自分の強い信念があるのなら、その思いをどうやったら他人が理解してくれるかを真剣に考えて、理解してもらえるための方法を生み出す必要があるのではないでしょうか。

本当に自分を理解してもらいたかったら、相手に理解してもらうための力を自らが高める必要があります。そのためには、努力やお金も必要になるかもしれません。

ですが、高いブランド品を買うお金があったら、ゴルフに行くお金があったら、飲みに行くお金があったら、それを自分への投資金に充ててみてください。自己投資に年齢は関係ありません。五十歳、六十歳になってからだって、やる気さえあればいつだって可能なのです。

自分の本質を全部受け止めて！という人は、子供と一緒です。小さい子供は泣いてもわめいても親が守ってくれると思っています。これによく似ています。

もちろん聖母マリア様のようにすべてを受け入れてくれる心の広い人、器の大きな方も中にはいらっしゃいます。こうした方に出会えたならラッキーです。

ですが残念なことに、ここでまたマリア様に甘えてしまい、気づいたらマリア様から見放されてしまっている、なんてことが多いのです。

ここで気づいて反省できる人はよいのですが、反省どころか「ま、いっか！　理解してくれないなら次だ次！」となる人は、この先も同じことを何度も繰り返すだけでしょう。年齢だけが成長し、精神は止まったまま。どんどん自分本位になっていきます。

人間関係は経営によく似ています。景気がよいときほど（仲がよいときほど）、次の手を考えておかなくてはなりません。数字がいいと胡座《あぐら》をかいていると（相手の優しさに甘えてしまっていると）、なにかの拍子で一気に落ちてしまうことがあるからです。

生きている限り、リスクは常に伴うもの。だからこそ、セルフマネジメントが必要なんだと思います。

この本は、あくまで色の本です。なので、色でできるリスクヘッジをお話ししていきたいと思うのですが、その前に知っておいていただきたいことがあります。

色は人間関係とかなり密接な関係にある、ということです。言葉を換えれば、人間関係を良くするのも悪くするのも「色」ひとつでどうにでもなる、ということです。

自分という人間を理解してもらいたい人は、相手に求めるばかりでなく、理解してもらえるような人間関係を構築していくためにどうしたらよいか?を真剣に考えてほしいのです。

そのときに、ぜひ色を上手に使ってもらえればと思います。なぜなら、色はあまりがんばりすぎないでも人の心を動かすことができる、最強のマジック道具だからです。シンプルで、しかも簡単! 忙しいビジネスマンには最高のツールなのです。

もし、そんなに簡単なら使ってみようかな!と少しでも思った方は、ぜひ今この瞬間から、リスク回避するためにも色とお付き合いしてみてください。

最高のチームを完成させるためにも、一人ひとりのカラーマネジメントがなによりも大切なのです。誰かひとりでも怠ったらアウト。他の人の努力も水の泡です。

気づいた人から即スタートです!

第六章

色で人生を豊かにしよう

イメージチェンジは色でする

最近では、男性でも女性のように顔のお手入れをする人が増えているようです。まつげをビューラーでカールさせる男性や、まぶたにテープを貼って二重にしたり、化粧水や乳液はもちろん、紫外線防止でBBクリームを塗ったりする人もいるようで、男性の外見に対する美意識は、これからもっと高まっていくのかもしれません。女性もそうですが、たしかに外見への意識があがれば、変わっていきます。女性の場合にはより美しく、男性の場合にはより清潔感が高まっていきます。

いつもとは違った自分になってみたい。今よりもっと輝いてみたい。なにがきっかけでこういった思いを抱くかは人によって異なりますが、女性と違って男性の場合、そうしょっちゅうあるものではありません。だからこそ、少しでも〝印象を変えたい〟、〝イメージチェンジしたい〟、そう思ったときは、この気持ちを大事にしてもらいたいのです。

その際、まずおすすめしたいのが、「色」で気持ちをUPさせることです。男性の場合、白黒グレーといったモノトーンやブルー系しか着ないという方も多いかと思いますが、イメージを変えるのに手っとり早いのは、洋服の色をチェンジすることです。

いつも白シャツしか着ない人がピンクのシャツを着たら周囲はそれだけで驚きます。ブルーのデニムに黒シャツが定番スタイルだという人がいたら、黒を白にするだけでも変化になりますし、赤や緑といった色のついたシャツにすれば、「●●さん、なにかあったのかな?」とひそかに噂になるかもしれません。

またシャツはそのままでも、デニムの色を青から白に変えるのも、見ている側の脳に大きな刺激を与えます。周りにどう思われるか心配でなかなか色に挑戦できない、という意見をよく耳にしますが、イメージを変えたいという思いがあるならば、チャレンジしてみることをおすすめします。

髪が長いか短いか、髭《ひげ》があるかないか、メガネをかけているかかけていないか、こうした形の変化にも人はふとした瞬間に気づきますが、色は他の色に変えるだけで楽しむことができるわけですから、実は形を変えるよりずっとハードルが低いのです。

男性は特に色よりも形や素材にこだわる方が多いですが、新しい自分と出会いたい！という人は、ぜひとも「色」でイメージを変えてみてください。

少なくとも女性は、新しい色に挑戦したり、色数を増やしはじめた男性にはすぐ気づきます。色の変化をきっかけに、これまでほとんど話をしたことがなかった人とも会話が生まれるかもしれませんよ。

インテリアの色を変えてみる

自宅のインテリアはどうされていますか？　帰っても寝るだけだからと、特別なことはしていませんか？　それともパートナーに任せっきりで、自分はまったく関与していないのでしょうか？

もし、みなさんが今、どこか疲れている、癒されたい、そんなふうに思っていたとしたら、それはおそらく、癒される、和める場所が身近にないからかもしれません。男性がお姉さんのいるお店に通ってしまうのがいい例でしょう。

仕事の合間に、なぜカフェに立ち寄ったり、帰宅前にバーに寄ったりするのでしょうか。もちろんひとりになりたいという理由もあります。ですが、疲れがちな現代人が、職場以外に求めるもっとも大きな要素は〝癒し〟〝落ち着き〟〝和み〟であることはまちがいありません。

誰だってひとりになる時間は大事です。自宅が癒される空間であれば問題ありませんが、家も職場の延長のような賑やかな空間だったり、まったく物がない殺風景な空間だったりすると、疲れた体を癒すにはどちらも事足りないかもしれません。

となると、リセットがうまくできないまま、翌日を迎えてしまいます。せめて家の室内空間が落ち着けたらいいですよね。こんなとき、ぜひインテリアに「色」を取り入れてみてください。

とにかく落ち着いた空間にしたいという場合には、青に代表される寒色系の色を取り入れるとよいでしょう。青は興奮状態を抑え、脈拍をゆるめてくれます。精神的にも落ち着きを取り戻し、癒してくれます。ベッドカバーやパジャマの色に取り入れて、心地よい睡眠へと導いてあげるのもよい方法です。

ただ、気をつけたい点があります。それは、青の分量です。どんなに落ち着かせてくれる色といっても、部屋一面を青にしてしまっては、落ち着かせるどころか、寒さを感じ、寂しい気持ちが募っていってしまいます。

割合としては、部屋の七割くらいはアイボリーやベージュといった優しい色をベースにし、サブカラーとして取り入れたい色を二割程度にするとよいでしょう。

またひとりでホッと落ち着きたいときの青とは違って、癒しを一番に手助けしてくれる色があります。それは「緑」です。緑は人に〝休息〟〝リラックス〟のイメージを与えてくれます。

パソコン作業で疲れた目を癒すには、部屋の片隅にある観葉植物を目にするだけでもだいぶ回復します。他にも、キレイな芝生の上を歩きながら楽しむゴルフ。ゴルフは好き嫌いが分かれますが、常にブレない一定のスコアを出せるゴルフ上手な人は、どこか穏やかでリラックスしている方が多いのも特徴です。

おそらく緑色との過ごし方がとても上手なのだと思います。ただゴルフをするのではなく、せっかく来ているのだから、周囲の景色やおいしい空気をたっぷり味わって過ごせたらという、ごくごく普通の素朴な思いがどこかにあるのでしょう。

ゴルフ上手な人には安定感があり、余裕な雰囲気が漂っています。その余裕にこそ女性は男性の魅力を感じ、より好意を持つのではないでしょうか。

さて、職場以外では〝癒されたい〟という考えをベースにお話ししてきましたが、もしかすると、職場ではリラックスできてもなにか物足りないという人も中にはいるかと思います。

その場合、足りないのは癒しというより刺激。アクセントとなる色を入れてあげる必要があります。料理でいうならスパイス。豆板醤やタバスコを加えることでいつもの炒めものに旨味が加わるといった感じです。

空間にもスパイスは必要。刺激の強い色と言えば、暖色系をおすすめします。中でも赤は小さな面積でもインパクトを与えてくれる色です。ただ、使う量には気をつけましょう。スパイスも入れすぎてしまうとヒーヒー言って落ち着きません。

もし緩和したければ、オレンジを一緒に使うのがおすすめです。オレンジなら、刺激もまろやか。ぜひ取り入れてみてください。

ストレスをやわらげる安眠・リラックス法

最近ではあまり見かけなくなったグレーのデスクや棚。これらは、人の気持ちを明るく元気にしてくれる光をほとんど吸い取ってしまっているのです。つまりグレーのものが置いてあるだけで、元気を失ってしまう、というわけです。

いまだにグレーの家具が使われているオフィスにお勤めの方は自分で気をつけなくてはなりません。グレーはマイナスなイメージが優先してしまうと、精神的にも憂鬱な気分になり、ましてや明かりが蛍光灯などの青い光だとしたら余計に気持ちを塞ぎ、暗くしてしまいます。

仕事や人間関係など、働いている以上なんらかのストレスはかかってくるものです。せめてもっとも長く過ごす職場の雰囲気くらいはできるだけよいものにしたいところですよね。

「オフィスの色合いなんてこだわらない」と思っている方がいたらそれはまちがっていますよ。壁や天井、パーテーションの色など、ちょっとした色使いに、実は私たちは多大なる影響を受けているのです。

自宅のインテリアも同じことが言えます。衣食住の中でももっとも後回しにされやすい住環境ですが、ちょっとした色使いを意識するだけでストレスが緩和されます。

特に、何色をどこにどう配置するかよりも、色があるということ自体を気にかけてみたり、イライラの原因は色にあるのかもしれないなどと色への意識を高めていくことがとても大事なのです。

もし色をほんの少しだけ変えることでストレスが解消されたら、こんなにうれしいことはありませんよね。また、不眠でストレスが溜まってしまうという話もよく聞きますが、安眠を確保するには夜の色を意識するのがおすすめです。夜の色というのは、昼とは違ってライトをトーンダウンさせ、眠る準備に入っていくための色のことを指します。

なかなか寝つけないという人は、光からも影響を受けているかもしれません。ライティングを少しずつ目に優しいオレンジ系の色にしていき、気持ちをリラックスさせていきます。同時に、リラックス効果の高まるラベンダーの香りをルームフレグランスに取り入れたり、森林をイメージさせるようなグリーンの入浴剤などを意識的に使ってもよいでしょう。

男性は香りにうとい方も多いと思いますが、「色」と「香り」の両方を感じながらリラックスしていくと、気づかないうちに癒されていきます。香りが苦手という方は寝室の色をブルーやグリーンといったクールダウンできる色にしてあげるといいですね。

仕事モードで興奮状態にあるのに、帰宅してからも赤や黒といった強い状態の中に身を置いてしまうと、疲れがとれないまま溜まっていきます。ですので、自宅にはできるだけ刺激の薄い色を取り入れるとよいです。

ストレスの多い現代社会では交感神経が過剰に働くことで自律神経のバランスが崩れてしまいます。そうならないためにも、色でリラックスする方法、色でゆっくり眠りにつく方法を取り入れてみてください。色の力を借りてみるのもなかなかいいものですよ。

オレンジで今よりもっと若返る！

オレンジの活用法は見たり着たりといろいろ紹介してきましたが、もうひとつだけ、ぜひ活用していただきたいことがあります。

それは、オレンジの代表食材でもあるニンジンを積極的に摂取することです。ニンジンなんてカレーのときしか食べないという人もいるかもしれませんが、実は大人には欠かせない〝若返りの食材〟なのです。

ニンジンは昔から、民間療法としてさまざまな病気対策に活用されてきました。下痢や便秘などで腸の働きがよくないとき、風邪などで気管支の粘膜が炎症を起こしているとき、他にも疲れ目、肌荒れ、高血圧など、病気の予防・改善に効く食材として各家庭で重宝されてきています。

ニンジンには、ビタミンA（B―カロテン）、鉄分やカリウム、食物繊維などが多く含まれています。しかもカロテンは、生で食べるよりも茹でたり煮たり油で調理した方が、吸収率がはるかによくなり、おすすめです。

また、カロテンは皮の部分に多く含まれていますので、なるべく皮は捨てずに丁寧に洗って皮ごと利用するとよいでしょう。

見た目のオレンジのパワーはもちろん、食材としての力も最強のニンジン。和食に欠かせないメニューであるきんぴらごぼうに、洋食の鉄板メニューのカレー、中華料理の代表の酢豚、家庭でつくれるデザートのキャロットケーキなど、ニンジンにはいろいろな出番が待ちかまえています。

ないと寂しい。あったら最高！

ニンジンを意識的に摂取して、視覚からも栄養からも若さを手にしましょう。

欲望を色で自己コントロール

女性は男性と違って、悩み事があったり、ストレスを抱えているとき、スイーツに走ったり、買い物に走ったり、おいしいディナーに走ったりと、なにか別のもので解消させるのがとっても上手な生き物です。

というより、みなさんもよくご存知かと思いますが、男性脳と女性脳はそもそも違い、男性はお腹がすいたらご飯を食べ、性欲が出てきたら異性と会う、といったようにそれぞれの欲をそれぞれのタイミングで求めていきます。

一方、女性というのは、いろんな欲をミックスさせるのが得意なので、買い物欲を食欲で解決させるということもありますし、食欲を性欲で抑えるという人もいます。「食欲があまりないの……」という女性がいたとしたら、それは本当にお腹がすいていないのではなく、別のことで気が散って食べる楽しみを忘れている可能性が高いのです。

恋わずらいかもしれませんし、仕事の悩みかもしれません。お財布を落としてしまったショックからかもしれません。どんな理由にせよ、さっきまで食べたかったはずのご飯が急にほしくなくなります。

また、食欲を別の場所で抑えることが可能なため、食べなくても苦もなく一日を過ごすことができます。男性はどんなことがあろうと、お腹がすいたらたいていなにかしらさくさくっと食べますよね？　たとえ失恋しようと、仕事で失敗しようと、お財布を落とそうと、お腹がすいたらそれを埋めようとします。

もちろん、女性と同じような欲を求める人もいるでしょう。これは女性も同じで、まるで男性のように食べるときは食べる！と割りきれる方もいます。

欲は基本ふつふつ生まれてくるものですが、自ら増進させたり抑制したりと自己コントロールすることができたらどうでしょうか？　痩《や》せたいのに痩せられない人が、自ら食欲を抑制できる方法を知っていたら、どうでしょう。

仕事柄メスを握る外科医は、どんなときも冷静にならなくてはならないため、他のドクターよりも自制心が強いと聞いたことがあります。

もちろん最初からできたわけではなく、積み重ねてきた努力のもとに生まれたものだと思いますが、日頃から物事を客観的に見ることに長けているドクターは欲のコントロールの達人だと思います。でも、みんながみんなお医者様ではありません。となると、一般人は欲をどうコントロールすればよいのでしょうか。

よく呼吸法やヨガ、座禅といったもので精神を整えたりコントロールするといった話を聞きますが、実は色でもある程度はコントロールすることができるのです。

たとえば食欲。日本ではおいしい食材がすぐに手に入り、お金を出せば調理してくれるおいしい店もたくさんあります。食べ物に合った地酒なども豊富です。若いときはなかなか贅沢できなかったものが、大人になったからこそある一定のレベルの味を求めるようになってきます。

同じ舌の感覚を持つ仲間との会食は本当に楽しく、気づくと集まっては食べて飲んでいるという方も多いのではないでしょうか。外食だけではありませんよね。パートナーのいる方は、お料理上手の彼女や奥様の手料理を日々堪能しているという贅沢者もきっといらっしゃるでしょう。

今ではお料理上手な男性は当たり前。速水もこみちさんのような〝キッチン男子〟も増えてきているかもしれません。

おいしい食事やお酒を飲むことは大変幸せでうれしいこと。ですが、ついつい限度を超えて食べすぎてしまう人も多いことでしょう。若いときから二十キロくらい太った！なんていう方も、身近にひとりはいるのではありませんか？

もしかしたら、あなた自身が当の本人かもしれないですね。以前『なぜ一流の男の腹は出ていないのか?』(かんき出版)という本がベストセラーになりました。

欲を抑えられない人はいくらでも太っていきます。次第に運動するのも億劫《おっくう》になり、頭は煮詰まっていく。結果、仕事にミスが生じるようになります。

一方で、食欲を腹八分目で止められる人というのは、自分の脳を上手にコントロールできる人です。結果、適度な運動も取り入れることができ、おいしい食事もお酒も健康的にたしなむことができるというわけです。

では、この欲のコントロールができていない人はもう無理なのか?というと、そんなことはありません。いつでも始められ、がんばった分だけ成果が出ます。

しかも、この欲のコントロールを「色」だけで行うというのはなかなか画期的なことかもしれません。ぜひ始めてみてもらえたらと思います。

前置きが長くなりましたが、実際に具体的な色についてご紹介していきます。食欲があるときは、食欲を抑える色を意識します。逆に食欲がないときは、食欲を増進させる色を意識します。

前者の場合には、つい箸を置いてしまうような食卓にしていきます。

色で言うなら、食べ物にはない「青」です。自宅であればランチョンマットや食器の色、直接口に入れる箸の色に持ってきてもよいでしょう。外食の場合には、マイ箸を持参するのもアリです。

どんな店でも置いてある割り箸は、ベージュという大変心が休まる色です。しかし、これではどんどん箸が進んでしまいます。こういうときにマイ箸が大活躍。青色の箸を使えば、じわじわとセーブすることができるというわけです。

ちなみに日本で昔から愛される、青い絵柄の青絵という食器。この食器は、料理上手の方が盛りつけるとおいしそうに演出できますが、あまりうまく盛りつけられない人が使うと、ただ単に食欲を減退させるだけになります。

青は食材にもほとんどないため、私たちは青という色を目の前にするだけで食べる気が失せてきます。

ただし、同じ口に入れるものでも、スポーツ飲料やアイスクリームのパッケージはまた別です。どちらもお腹がすいているときに手にしたくなるものではありませんよね？　スポーツ後に爽快感を求めたり、猛暑日に少しでも体を冷やしたいと求めたりする際には最高のアイテムです。

オレンジのヒーローになろう！

私という名の人生。人は時に舞台で脚光を浴びることがあります。それはそれは盛大な舞台かもしれないし、普段より少しだけ輝いた小さなものかもしれません。どんな形であれ、光を浴びているときの私は、ヒーローであり、主人公であることはまちがいありません。

一方、舞台を下りた後のまっさらな私もいます。なんの飾りもないプライベートな時間。人生というステージで、人はさまざまな光のもと、輝いていきます。

光は色。色は光。

言葉を換えれば、さまざまな色のもとで日々成長し、前に進んでいるというわけです。ちょっとした動きでキラキラ輝いたり、まるで雲に隠れてしまった月のように静かになったり。

　脚光を浴びたときの自分は夢を抱き、自分が描いた姿を信じて、人生を切り拓こうとしていることでしょう。情熱的で野心的。誰にも止められないほどの強い意志を秘めた姿を演じているかもしれません。色で言えば、まるで薔薇のように激しく燃えあがるような強い色、「赤」です。

　でも、舞台から下りたときのプライベートな時間は、少し違います。どこか抜け感があり、開放的。オンのときに魅せるパワフルな自分とは打って変わって、自由気ままに、まるで無邪気にはしゃぐ子供のような時間も大切です。これは、色で言うなら、目を離すとどこかへふらっと行ってしまいそうな明るい「黄色」です。

　そうです。人は時に舞台俳優、時に自由人でいることで、うまくバランスをとっているのです。

　仲間と集団行動することはとても楽しいかもしれませんが、ひとりの時間も同じくらい大切です。異性と過ごす時間も、また別のエネルギーや癒しになることでしょう。

　大人には光を浴びる瞬間も、開放的になって素の自分に戻る瞬間もどちらも欠かせません。どちらかひとつ欠けてもバランスを崩しますし、どちらかひとつが強くなっても協調性に欠け、周囲とのコミュニケーションが取れなくなります。

どちらも大切なら、情熱的な「赤」と開放的な「黄色」、両方を持てばよいのです。

つまり、このふたつの色が混じりあった色、「オレンジ」と付き合っていくことで、壁にぶち当たったときも、順風満帆なときも、主役のときも、プライベートな時間も、なんとかバランスをとることができるというわけです。

それが、オレンジが最強である理由です。

派手で、ぐいぐい引っ張っていく人が最高のヒーローとは限りません。むしろ一見、穏やかそうであっても、いるだけで人を惹きつけるオーラのある人の方が実は強いのです。

舞台を最初から最後まで華やかに飾るのは、赤ではありません。もちろん黄色でもありません。実は、オレンジなのだと私は考えます。

オレンジのヒーローこそ、本物のヒーローです。

これまで三万人以上のコンサルティングをしてきましたが、長年のリサーチの結果、

「また会いたい」

「もっと話をしてみたい」

「仲良くなりたい」

「なんか心地よい」

こう思えたり感じたりできる人というのは、オレンジ色の気質を秘めていることが多いとわかりました。

オレンジの服をよく着ているとか、オレンジジュースをよく飲んでいるとか、そういったことではありません。

なぜかそばにいると、このままもっと一緒にいたいと思えたり、まだ会ったばかりなのに次回の約束を取りつけたくなるのです。

おかしいのが、このことに本人はたいてい気づいていません。私が仲良くしている友人は、オレンジ君、オレンジちゃんがとても多いです。

わざと選んでいる、というわけではありません。最終的に長くお付き合いできてい

る人を見てみたら、オレンジさんが多いなと気づきました。

オレンジさんにも、いろいろなタイプがいます。日頃からオレンジ色を身につけているオレンジさんもいますし、洋服には一切取り入れず、手帳や小物だけに取り入れている人もいます。

もしくは、スポーツウェアやシューズといったようにオフのときだけ取り入れている人など、さまざまです。

ただ、どんなタイプのオレンジさんも、みんな共通していることがあります。それは、「何色が好き?」と尋ねると「オレンジ」と答えることです。

もちろん一番に答える人もいれば、黄色かな、青かな、うーん……オレンジも好きかも、といった具合に最終的に答える方もいますが、とにかくオレンジという言葉を口にします。

私が一度、色の話題を振ると、「やっぱりオレンジがいいんだよな」とオレンジオレンジと終始口ずさむ人もいるくらいです。

もうひとつ、共通点があります。それは自ら、「俺、オレンジが好き!」って言いふらさないところです。

聞かれて初めて冷静に考え、そこで「うん、オレンジがいいかも！」となるのです。

強くてリーダーシップをとる「赤」の要素も持ちながら、夜空に黙って輝く「黄色」い星のような静かな迫力も備えるオレンジさん。

これからますます多様化し、多色化していく中で、本当のヒーローになるのはきっとオレンジの力を備えた人です。


もし、オレンジが大好きな人がいたら、そのままぜひ好きでいてください。もし、オレンジなど気にしたこともないという人がいたら、これを機にぜひオレンジを意識してみてください。

今はまだ他人の色のように感じるオレンジも、取り入れることで少しずつ体に染みこんでいき、気づいたときには、無意識レベルでオレンジとともに暮らすようになっているかもしれません。

そうすると親しみやすい雰囲気が生まれ、自然とあなたの周りには人が集まり、ビジネスにおいても上司や部下とスムーズに意思伝達が取れるようになっていくでしょう。

今まで、なぜ存在しなかったのかが不思議なくらいバランスのとれたニューヒーローの誕生です。

オレンジを愛する人がもっと増えてくれたら、きっとこの国はもっと温かく、コミュニケーションが豊かな国になっていくことでしょう。

特別付録

各カラーを知る

特別付録
各カラーを知る

色の持つ意味を知り、さまざまな言葉や物でイメージできるようになれば色彩感覚が鍛えられ、コミュニケーションやビジネススキルもあがっていくと私は考えています。
日常のあらゆるシーンをカラフルに彩ってくれる色についてみていきましょう。

【色の持つ意味・効果】

各色の持つ意味と心理的効果についての知識を得て、ビジネスシーンや日々の暮らしに役立ててください。

【色の与える印象】

同じ色の中にもさまざまなトーンがあり、色調が変われば印象も変わり、自分や相手に少しずつ影響をもたらします。

オレンジ 温かさに満ちあふれ、社交性UP	
意味・効果	
人目を引き、相手に好印象を与える色。インパクトがあるので多用は避けたいが、コミュニケーションがスムーズになる雰囲気作りに役立つ。人間関係の改善にも効力を発揮。	
＋の印象	ーの印象
社交性 親しみやすさ コミュニケーション力 陽気な	落ち着きがない 軽薄な 安っぽい
例	
ニンジン、ハロウィン、タリーズコーヒー、読売ジャイアンツ	

赤
エネルギッシュで、やる気UP

意味・効果	
生命を象徴する色。強い印象を与え、広い面積で使えばインパクトや情熱を、小物ならイキイキとした個性をプラス。ビジネスシーンでは、やる気・行動力をUPさせる。	
＋の印象	**－の印象**
情熱的 リーダーシップ 行動的 エネルギッシュ	目立ちたがりや 自己中心的 気が強い 暑苦しい（刺激が強い）
例	
SALE、赤ワイン、トマト、コカ・コーラ、マクドナルド	

ピンク
誰もが魅力的に映る、幸せカラー

意味・効果	
優しい気持ちにしてくれる色。女性は女らしさUPに、男性も人と会うときに取り入れれば親しみを感じさせる効果がある。ビジネスシーンではさりげなくまとめ役になる。	
＋の印象	**－の印象**
柔らかい 幸せ 若々しい 優しい	甘えん坊 若作り 夢見がち わがまま
例	
桜、モモ、ハート、子宮、婦人科、乳がんピンクリボン	

黄色 フレッシュで、雰囲気が明るくなる	
意味・効果	
目を引き、元気や勇気をもらえる色。幸福や希望という意味が込められ、明るい気持ちにさせる。ビジネスシーンでは社交性を高め、アイディアが浮かびやすくなる。	
＋の印象	ーの印象
明るさ 人気者 チャーミング ユーモア	騒がしい 落ち着きがない 現実逃避 一匹狼
例	
バナナ、レモン、カスタードクリーム、カレー粉、ビタミンC、ピカチュウ	

茶色 安定や信頼の象徴、堅実	
意味・効果	
大地や木の幹などアースカラーをイメージさせる色。温かみのある雰囲気が出せるだけでなく、ビジネスシーンでは相手に安心感を与え、落ち着きを演出できる。リラックス効果も。	
＋の印象	ーの印象
シックな 安定感 堅実 安心感	ありきたり 退屈 おもしろみに欠ける 冒険しない
例	
土、チョコレート、コーヒー、革製品、テディベア、ルイ・ヴィトン	

紫 気高く、魅惑的	
意味・効果	
昔から高貴な色とされてきた不思議な魅力を持つ色。ただし、使い方には注意が必要。カジュアルなシーンで濃いトーンを使用すると、やや下品になることも。小物で取り入れたい。	
+の印象	**−の印象**
ミステリアス クリエイティブな 優雅さ 高貴	情緒不安定 下品 憂うつ 個性が強い
例	
ラベンダー、スミレ、ブドウ、ナス、高貴、歌舞伎、和風	

緑 癒し効果で、周囲の調和を促す	
意味・効果	
自然や平和をイメージさせる色。争いごとの雰囲気を抑える働きがある。また、ストレスを緩和する癒し効果も持つ。ビジネスシーンではリフレッシュしたいときにおすすめ。	
+の印象	**−の印象**
安全 エコ・自然 平和・中立 体によい	自分がない 退屈 おもしろみに欠ける 事なかれ主義
例	
葉、ピーマン、青竹、山手線、スターバックス、キシリトールガム	

青
冷静沈着で、クールダウンさせる

意味・効果

感情の高ぶりを抑え、平常心へと導く色。会議時など冷静に知的な思考を求めるときに取り入れたい。明るければ爽やかさを、紺のように暗ければ誠実さや信頼をアピールできる。

＋の印象	－の印象
爽やか	冷たい
知的	孤立
誠実・信頼できる	卑屈
クール	無気力

例

海、空、乳製品、男の子、ドラえもん、みずほ銀行、ポカリスエット

白
清潔で、自らを律する

意味・効果

シャープさや清潔感を感じさせる特別な色。純真無垢で、物事をリセットしてくれる浄化のイメージも。フォーマルにも用いられ、ビジネスシーンでは"自律"の役割を果たす。

＋の印象	－の印象
清潔感	完璧主義
初々しさ	潔癖
力強さ	空虚
健康的	緊張

例

白米、牛乳、大理石、雪、ウエディングドレス、ワイシャツ、白衣

黒 重厚感とセンスを感じさせ、高級感UP	
意味・効果	
白と同様特別な色で、死を表すネガティブな印象を与える色でもある。一方で何物にも屈しないという威厳を感じさせ、人の上に立つ者に好まれる。フォーマルな席でも使われる。	
＋の印象	**－の印象**
都会的 強い プロフェッショナル 高級感	悲しい 重い 威圧感 暗い
例	
ピアノ、黒猫、カメラ、スーツ、喪服、オーディオ機器、バットマン	

グレー 穏やかで、中立的	
意味・効果	
白、黒はっきりつけない色。メインというよりも脇役で全体をキレイにまとめ、良くも悪くも使うアイテムに注目を集める。周囲に埋没して目立たない一方、中立的な雰囲気を演出。	
＋の印象	**－の印象**
調和 中立 洗練 オシャレ（合わせやすいため）	退屈 地味 おとなしい 優柔不断
例	
コンクリート、灰、テトラポッド、ロボット、カビ、鉄、制服	

おわりに

「同じ仕事などひとつもない」

私は日々、こう考えています。たとえ単調な流れ作業だとしても、同じことの繰り返しだとしても、そこにまったく同じ空気が流れていることなど決してありません。その日の天気が晴れか雨かで、湿度も違えば気温も違います。雨が降っていれば、雨音が入ってきますし、季節が夏ならば蝉の鳴き声を耳にできるかもしれません。

仕事に対してどんな気持ちで取り組んでいるかは、人によって異なるでしょう。ですが、少なくとも私は、

「どうせならネガティブな気持ちでなく、ポジティブな姿勢で楽しく取り組みたい！」

そう思っています。

これは仕事に限ったことではありません。順番に回ってきてしまうマンションの管理組合や、ちょっとした会の運営係などもそうですし、飲み会の幹事だって同じこと。いやいや取り組むほど時間の無駄なことはありません。やりたくないものはやらない

のが一番ですが、これが案外そうとも言いきれないなと最近思うのです。

私も幹事は苦手ですし、極力避けてきました。ですが、苦手だからと逃げるのではなく、自らチャレンジしてみることで多くのことを学びました。

たとえば、幹事は自分ひとりですべてをやらなくてはならないんだと決めつけていたところがありました。が、日頃から良好なコミュニケーションを取っていれば、不思議と困ったときには仲間が手を差し伸べてくれるのです。

仲間とは友達に限ったことではありません。もしかしたら上司や後輩かもしれません。人というのは、見てないようで見ています。努力している人、がんばっている人、諦めていない人には力を貸したくなるものです。そしてまた、そうした人のそばに行きたくなるのです。

常日頃から、自分の意思を伝えようとするより、相手の意思を理解する姿勢。

コミュニケーションを円滑に図るには、話し上手になるより、聞き上手になることです。相手がなにを求めているかを理解しないところに共感など生まれません。たとえ、相手がこちらに理解を示さなくても、こちらは常に理解する姿勢で臨む、こうすることで相手からの信頼を得て、次第に相互に絆が生まれていきます。

「赤のひと」でもなく、「青のひと」でもありません。コミュニケーションの達人を目指すには「オレンジのひと」になれるよう努力してみてください。「何色っぽい？」と聞いて「オレンジっぽい」という答えが返ってきたら、その相手との信頼関係がしっかりできている証です。

自分の意思を伝えることも大事ですが、相手の気持ちも汲み取り、一歩引いていても目立つ「オレンジのひと」になってみてくださいね。

●著者プロフィール

色のひと®　カラーキュレーター®

七江亜紀（ななえ・あき）

株式会社ナナラボ代表取締役
それぞれの色が持つ普遍の魅力を組み合わせ、独自の価値基準で、これからの新しい生活価値を提案する、ライフスタイル・クリエーター。企業やビジネスパーソンを対象とし、ファッション、食、インテリア等ライフスタイル全般のカラーコンサルティングを行う。「色」を視覚だけに頼らず五感全てを通してイメージできるよう、さまざまなものの価値向上を図る。また多くのメディアにて監修、大学や講習会でも講師業を行う。『働く女性のための色とスタイル教室』（講談社）、『知って役立つ色の事典・TJMOOK』（宝島社）、『色が教えてくれること〜人生の悩みの9割は「色」で解決できる〜』（だいわ文庫）などを刊行し、ヒット作となっている。他にも多数出版。

撮影：川村剛弘

Lustre 七江亜紀のカラーライフスタイリングスタジオ
http://lustre.jp/

マイナビ新書

オレンジこそ最強の色である

2015年9月30日　初版第1刷発行

著　者　七江亜紀
発行者　中川信行
発行所　株式会社マイナビ
〒100-0003 東京都千代田区一ツ橋 1-1-1 パレスサイドビル
TEL 0480-38-6872（注文専用ダイヤル）
TEL 03-6267-4477（販売部）
TEL 03-6267-4483（編集部）
E-Mail pc-books@mynavi.jp（質問用）
URL http://book.mynavi.jp/

装幀　アピア・ツウ
印刷・製本　図書印刷株式会社

 ISBN978-4-8399-5688-2

Printed in Japan